MERIAN*momente*

COSTA RICA

MANFRED WÖBCKE

Zeichenerklärung

- barrierefreie Unterkünfte
- familienfreundlich
- Der ideale Zeitpunkt
- Neu entdeckt
- Ziele in der Umgebung
- Faltkarte

Preisklassen

Preise für ein Doppelzimmer mit Frühstück:

€€€€	ab 150 €	€€€	ab 100 €
€€	ab 50 €	€	bis 50 €

Preise für ein dreigängiges Menü:

€€€€	ab 25 €	€€€	ab 15 €
€€	ab 10 €	€	bis 10 €

COSTA RICA ENTDECKEN 4

COSTA RICA ERLEBEN 20

COSTA RICA ERKUNDEN 58

TOUREN DURCH COSTA RICA 154

COSTA RICA ERFASSEN 166

KARTEN UND PLÄNE

Die breite Playa Montezuma (► S. 69) auf der boomenden Halbinsel Nicoya.

COSTA RICA
ENTDECKEN

MEIN COSTA RICA

Trekking im Nebelwald, Sundowner hoch über dem Pazifik oder der Besuch einer Plantage für Bio-Kaffee: Costa Rica ist abwechslungsreich. Die Begrüßungsformel der Einheimischen, nämlich »pura vida«, bringt deren Lebensphilosophie auf den Punkt: Das Leben ist gut!

Auf einem Hügel hoch über dem Meer sitze ich im Restaurant Anfiteatro und kann mich kaum auf das Essen konzentrieren. Das wird zur Nebensache angesichts des Ausblicks: Gewaltige tropische Bäume, bewachsen mit Orchideen und Epiphyten und fast zum Greifen nahe, ziehen sich hinunter zum Lavastrand und dem blau leuchtenden Pazifik. Erst das Gekreische einiger Papageien erweckt mich aus meiner Verzückung. Dabei ist das Abendessen köstlich, es gibt »gambas a la plancha«, Garnelen vom Grill, serviert mit »guacamole«, dem in der Region beliebten Avocadopüree, und einem tropischen Salat. Ich kann mich aber nicht nur dem Essen und der fantastischen Umgebung widmen, denn es gilt, die nächsten Tage zu planen. Die Auswahl an Möglichkeiten ist riesengroß in Cos-

◀ Playa Samara (▶ MERIAN TopTen, S. 49), Traumstrand der Nicoya-Halbinsel.

ta Rica, dem kleinen Land, das weltweit zum Synonym für Naturschutz, Frieden, Nachhaltigkeit und Umweltbewusstsein, aber auch Genussurlaub wurde. Das Land zwischen Nicaragua und Panama ist eine der ältesten Demokratien Amerikas, ein neutraler Staat ohne Armee, nicht zu Unrecht oft »Schweiz Zentralamerikas« genannt.

SIGHTSEEING IN SAN JOSÉ

Erst vor wenigen Tagen war ich in der Hauptstadt des international als Naturparadies beschriebenen Landes gelandet, und San José hatte mich erneut angenehm überrascht. Eine Metropole in einem breiten fruchtbaren Tal am Fuße der Kordilleren, umgeben von hohen Bergen und Vulkanen – bestimmt keine große Schönheit, aber sympathisch und ideal für ein oder zwei Übernachtungen mit einer Besichtigungstour im kleinen Stil. Etwa ein Bummel durch den Stadtteil Barrio Amón, in dessen viktorianische Villen und bunte Holzhäuser heute Gästehäuser und Boutiquen eingezogen sind. Anschließend Einkehr im Belle-Époque-Café des grandiosen Teatro Nacional, in Anlehnung an die Pariser Oper entworfen und 1897 eingeweiht, das bedeutendste Bauwerk der Stadt. Und später dann Staunen im Museo del Oro Precolombino, wo Costa Ricas größter Schatz aufbewahrt wird: Schmuck- und Kultgegenstände aus der präkolumbischen Epoche und aus purem Gold, zusammengetragen von der Zentralbank, insgesamt über 1500 Objekte – mit ständig steigendem Wert.

AUSFLUG ZUM VULKAN

Dann lockt auch schon das Abenteuer. Die Möglichkeiten sind auch angesichts der überschaubaren Größe des Landes beeindruckend. Kaum mehr als eine Stunde ist es – in Costa Rica mietet man am besten ein kleines geländegängiges Auto – zum Poás-Vulkan, der inmitten des gleichnamigen Nationalparks liegt. Die Anreise kurz vor Sonnenaufgang führt mit herrlichen Ausblicken auf das Valle Central, Costa Ricas zentrales Hochland, durch üppig grünende Kaffeeplantagen und vorbei an properen kleinen Dörfern. Die kurvenreiche Strecke endet 600 m unterhalb des Kraters. Langsam weicht der Frühnebel, der feucht auf den teilweise metergroßen Blättern der Bäume liegt, und die ersten Sonnenstrahlen sorgen dafür, dass die Umgebung wie ein Zaubergarten wirkt. Schmetterlinge, deren Flügel wie Edelsteine funkeln, winzige Kolibris, die

Nektar aus Blüten trinken und dabei in der Luft zu stehen scheinen. Auf einem Weg gelange ich zum Krater in 2700 m Höhe, blicke auf den Kratersee mit über einem Kilometer Durchmesser. Dampf und Schwefelgeruch steigen auf. Durch dichte tropische Vegetation wandere ich noch höher zum alten Krater Botos. Der Ausblick ist grandios, doch bald schon werden Wolken aufziehen. Es ist empfindlich kalt in dieser Höhe, und schon lassen sich dunkle Wolken sehen. Mit der Wanderkarte aus dem Besucherzentrum des Nationalparks und in einen Regenponcho gehüllt erkunde ich noch schnell etwas von der Umgebung der beiden Krater.

IM DSCHUNGEL

Am nächsten Tag geht es in die Lüfte, die beste Möglichkeit, die oberen Etagen der Regenwälder zu erkunden. Skywalk, Ziplines oder Teleférico – in Costa Rica gibt es dazu diverse Möglichkeiten. Der US-amerikanische Biologe Donald Perry machte den Anfang und erfand – ursprünglich für wissenschaftliche Zwecke – die »Aerial Rainforest Tramway«, die Regenwaldseilbahn, mit deren Hilfe man durch die oberen Etagen der Baumkronen gleiten kann. Für Touristen wurde später bei Guápiles eine eigene Gondelbahn durch den Regenwald angelegt. Mit mehr Action verbunden sind die Ziplines, auch Canopy genannt – Stahlseile, an denen selbst unsportliche Besucher nach einer kurzen Erklärung mühelos über Bäche und durch den Urwald gleiten –, ein Riesenspaß, den man in Costa Rica mittlerweile an ungezählten Orten findet. Wie Superman gleitet man in Rückenlage hoch über die Landschaft und über Wasserfälle – zwei Dutzend verschiedene Ziplines bieten Abwechslung. Wer nicht nur Spaß haben will, sondern sich für das sagenhafte Ökosystem Regenwald interessiert, der muss mit einem lokalen Guide unterwegs sein, hervorragend ausgebildete Begleiter, die man an den Eingängen zu den Parks anheuert und mit denen man einfach mehr sieht und lernt. Zu entdecken gibt es viel, beispielsweise den Blue-Jeans-Frosch: Was es mit dem kleinen Kerl auf sich hat, das erfährt man in Cosa Rica in beinahe jedem Nationalpark und bekommt den winzigen, auffällig gefärbten Frosch auch gleich gezeigt.

VIELFÄLTIGE NATURSCHUTZGEBIETE

Über 800 Vogelarten, Hunderte von Säugetierspezies, Tausende von unterschiedlichen Pflanzen: Costa Ricas Artenreichtum ist legendär, was auch damit zusammenhängt, dass in dem kleinen mittelamerikanischen Land, kaum größer als die Schweiz, eine Vielfalt von Landschaftsräumen anzutreffen ist und etwa ein Viertel des Landes Nationalparks, Natur-

und Wildreservate sowie anderweitig geschützte Gebiete sind. Tropische Regenwälder bedecken die Ebenen bis an die Pazifik- und Karibikküsten, daneben gibt es nahezu mystisch erscheinende Nebelwälder, Grassavannen, auf die Cowboys Rinder treiben, Wasserfälle und wild schäumende Flüsse, die zu Raftingtouren einladen.

SEEBLICK MIT VULKAN

Höhepunkt der Reise ist für viele ein Besuch in La Fortuna, einem kleinen Städtchen, das überragt wird von El Arenal – einem Vulkan wie aus dem geologischen Bilderbuch, nämlich mit perfekt geformtem Kegel. Zu seinen Füßen liegt der gleichnamige See, ein dank seiner besonderen Fallwinde – vor allem bei US-Amerikanern – legendäres Surfrevier. In sicherem Abstand zum Vulkan liegen rustikale und luxuriöse Lodges, die schönsten natürlich mit Blick auf den El Arenal. Die Auswahl an Restaurants ist ebenso groß wie die der Übernachtungsangebote. La Fortuna ist das touristische Zentrum der Gegend mit vielen Möglichkeiten für Outdooraktivitäten – vom Besuch der Thermalquellen mit einem Naturschwimmbecken übers Surfen auf dem See bis hin zu Wanderungen im Nationalpark.

IDYLLE AM STRAND

Zum Abschluss der Reise steht Nichtstun auf dem Plan. Die Nicoya-Halbinsel mit ihren feinsandigen und hellen Stränden sowie den vielen netten Hotels ist dafür die perfekte Adresse. Ich entscheide mich dieses Mal für die Playa Flamingo, wo die Vulkansteininseln Islas Catalinas vor der Küste 30 m steil aus dem Meer aufragen. Eine einmalige Szenerie, doch der Plan zu faulenzen geht nicht auf, zu verlockend ist das Angebot von Costa Rica Diving: Tauchgänge, bei denen man sich Schildkröten und riesigen Rochen nähert, motivieren zu sportlichen Aktivitäten. Abends nach Sonnenuntergang und bei einem »cerveza Imperial«, nach lokaler Sitte mit Eiswürfeln gekühlt, denke ich schon an den nächsten Costa-Rica-Trip. »Pura vida« – das Leben ist herrlich.

DER AUTOR

Zu den Lieblingszielen des promovierten Psychologen **Manfred Wöbcke** gehört Zentralamerika. Über Costa Rica schrieb er schon vor mehr 20 Jahren, als das Land noch weniger bekannt war. Noch heute verbringt er die Wintermonate am liebsten zwischen Mexiko und Panama. Und nicht nur die Natur, sondern das ganz besondere Lebensgefühl der Ticos schätzt er jedes Mal aufs Neue.

MERIAN TopTen

Diese Höhepunkte sollten Sie sich bei Ihrem Besuch auf keinen Fall entgehen lassen: Ob der Poás-Vulkankrater, die Naturreservate von Monteverde oder das Museo del Oro Precolombino in San José – MERIAN präsentiert Ihnen hier die wichtigsten Sehenswürdigkeiten Costa Ricas.

1 Playa Sámara
An der Nicoya-Halbinsel liegen von Regenwäldern gesäumte Traumstrände, Treff von Surfern und vielen Sonnenanbetern (▶ S. 49, **72**).

2 Nebelwald von Monteverde
Wenn Regenwald in Wolken liegt, wird er zu Nebelwald. Monteverde lockt zum Erkunden der einzigartigen Natur (▶ S. 76, **79**).

3 Arenal – Vulkan und See
Ein perfekter Vulkankegel, umgeben von Naturreservaten, heiße Quellen zu seinen Füßen sowie den gleichnamigen See (▶ S. 77, **85**, 86).

4 Teatro Nacional, San José
Besuchenswert: das größte, schönste und romantischste Theaters von ganz Zentralamerika (▶ S. 96).

5 Museo del Oro Precolombino, San José
Hier liegt der wertvollste Schatz des Landes: präkolumbischer Goldschmuck, winzige Goldfiguren und filigrane Skulpturen (▶ S. 99).

6 Museo Nacional, San José
Im Nationalmuseum sieht man die perfekt gerundeten Steinkugeln aus der präkolumbischen Epoche des Landes (▶ S. 99).

7 Guayabo
Tausendjährige Skulpturen, Gräber und Mauern: Die größte und bedeutendste präkolumbische Stätte des Landes ist ein nationales Monument und verstecktes Juwel (▸ S. 104).

8 Vulkan und Nationalpark Irazú, Cartago
Im Zentrum des Nationalparks liegt der Krater des aktiven Vulkans, umgeben von einer vegetationslosen Wüstenlandschaft von ungewöhnlichem Reiz (▸ S. 95, **109**).

9 Blick in den Poás-Krater
Nach dem Blick in den aktiven Vulkankrater lockt ein Spaziergang durch den tropischen Dschungel zu einem zweiten Krater (▸ S. 95, **115**, 160).

10 Parque Nacional de Tortuguero
Mit dem Boot auf den Kanälen des Nationalparks auf Entdeckungstour gehen – Affen turnen in den Bäumen, gut getarnte Krokodile dösen am Ufer (▸ S. 131, 133, **138**).

MERIAN Momente
Das kleine Glück auf Reisen

Oft sind es die kleinen Momente auf einer Reise, die am stärksten in Erinnerung bleiben – Momente, in denen Sie die leisen, feinen Seiten eines Landes kennenlernen. Hier präsentieren wir Ihnen Tipps für kleine Auszeiten und neue Einblicke.

1 Ticos und Fußball

Costa Ricaner lieben Fußball! Zu einem richtigen Dorf gehört deshalb neben der Kirche auch der Fußballplatz (»campo de fútbol«). An Wochenenden, doch nicht nur dann, wird hier mit Leidenschaft gespielt. Zuschauer sind natürlich immer hoch willkommen. Gern nutzt man auch den Strand zur Spielfläche und kickt in den Sonnenuntergang hinein. Wenn man dabei ist, spürt man die Vollkommenheit des Moments, und dazu muss man kein Fußballfan sein.

2 Überall Schlamm

B1

Was für ein Ritual: Vulkanischer Schlamm auf die nackte Haut, trocknen lassen und mit kaltem Wasser abwaschen, anschließend springt man in den warmen Pool. An den Río Negro Hot Springs, mehreren Pools mit vom Vulkan Rincón de la Vieja erwärmtem (40 Grad) Wasser am Rande des Parque Nacional Rincón de la Vieja, findet man sein persönliches Shangri La. Das Hotel Hacienda Guachipelín bietet dieses Erlebnis in seinem Symbiosis Spa am Río Colorado und in den im Regenwald gelegenen Río Negro Mud Baths, die über eine abenteuerliche Hängebrücke zu erreichen sind.

Hotel Hacienda Guachipelín | Ctra. a Parque Nacional Rincón de la Vieja, Südwestrand des Nationalparks | Tel. 26 90 29 00 | www.guachipelin.com | Symbiosis 15 US-$, Río Negro 10 US-$

3 Genießen in Santa Teresa und Malpais B3

Ein Strandparadies an der Südspitze der Nicoya-Halbinsel, fast zu schön, um wahr zu sein, und dazu jede Menge günstige, gleichwohl individuelle Gästehäuser und Restaurants am Meer. Momente des Glücks gibt es bereits beim Frühstück. Wo? Beispielsweise im vegetarischen Restaurant des Horizon Yoga-Hotels, in dem man mit Blick auf den Ozean frisch gerösteten organischen Kaffee oder Cappuccino mit Sojamilch, Müsli mit tropischen Früchten und andere Spezialitäten vom organischen Farmers Market in Santa Teresa serviert bekommt.

Tea House & Horizon Vegetarian Restaurant im Horizon Yoga Hotel | Santa Teresa | Tel. 26 40 05 24 | www.horizonyogahotel.com | Nov.–Aug. Mo–Sa 7.30–15 Uhr | €–€€

4 Spirituelles Erlebnis A3

Eins werden mit dem Himmel über den Wolken: Meditation führt nach kurzer Zeit dazu, dass man sich der eigenen Glücksressourcen gewahr wird. Und Pacha Mama, die alternative spirituelle Gemeinschaft an der Westküste der Nicoya-Halbinsel, will mehr sein als ein reines Wellnesscenter und bietet vorzügliche Yoga- und Meditationskurse – mehr als eine Gelegenheit, den Moment zu genießen.

Pacha Mama Welcome Center | Boca de Nosara, 10 km nordwestl. von Nosara | www.pachamama.com | €–€€

5 Nachts im Wald C2

Buchstäblich ein Unterschied wie Tag und Nacht. Nach Sonnenuntergang verändert sich die Geräuschkulisse des Regenwaldes auf dramatische Weise. Nachtaktive Tiere huschen über die Wege, Käuzchen rufen und Frösche quaken. Die Nachttour beinhaltet eine Fahrt in der sesselliftartigen Gondel und eine Wanderung mit einem Guide. Mit dessen fachkundigen Erklärungen taucht man ein in die so fremde Atmosphäre, ist Beobachter und Beobachteter zugleich – ein Erlebnis mit hohem Glückspotenzial.

Night Tour, Natural Wonders Tram | Cerro Plano, Monteverde | 300 m südl. der Schule | Tel. 26 45 59 60 | www.naturalwonderstram.com | tgl. 17.30 Uhr | 30 US-$

6 Tarzan und Jane C2

Große Glasscheiben geben den Blick frei auf gewaltige, mit Orchideen bewachsene Baumriesen, und auf der Außenterrasse hört man die fremdartigen Geräusche des Urwalds. In einem Baumhaus in 1350 m Höhe am Rande des Nebelwaldes: Was bereits als pure Glücksverheißung klingt, fühlt sich himmlisch an, wenn man dort wohnt. Der Komfort kommt nicht zu kurz, denn es gibt komfortable Badezimmer mit Regenwaldduschen und Himmelbetten aus einheimischen Hölzern.

Hidden Canopy Treehouse Boutique Hotel | Santa Elena | 5 km nordöstl. an der Straße zum Santa Elena-Naturreservat | Tel. 26 45 54 47 | www.hiddencanopy.com | 5 Baumhäuser, 3 Chalets, 2 Zimmer | €€€€

7 Entspannung in den Thermalquellen C2

Gut für den Körper, gut für den Geist: Am Vulkan Arenal entspringen diverse vom aktiven Vulkan erwärmte, mineralhaltige Quellen, die zu Naturschwimmbecken ausgebaut wurden. In den EcoTermales genießt man – zwar nicht alleine, aber mit maximal 100 Personen gleichzeitig – das wohltuende Wasser und entspannt nachhaltig.

EcoTermales | La Fortuna de San Carlos | Ctra. 142, 3,5 km westl. der Stadt gegenüber Baldi Hot Springs | Tel. 24 79 87 87 | www.ecotermalesfortuna.cr | tgl. 10–20 Uhr | 36 US-$

11

8 Das Gefühl von Schmetterlingen auf der Haut D2

Das Glück ist ein Schmetterling. Jag ihm nach, und er entwischt Dir, setz dich hin, und er lässt sich auf Deiner Schulter nieder: Im Schmetterlingsgarten des großen La Paz Waterfall Gardens & Nature Park an einem Flussufer fliegen 4000 tropische Schmetterlinge. Man muss ihre Namen nicht kennen, um sich an ihnen zu erfreuen, und manchmal ergibt es sich sogar, dass eines der durchscheinend zarten Geschöpfe sich einem auf die Schulter setzt. Das hat nichts zu bedeuten und freut dennoch.

La Paz Butterfly Conservatory & Hummingbird Garden | Catarata de La Paz | Ctra. 126, Nordostabhang des Vulkans Poás | Tel. 24 82 27 20 | www.waterfallgardens.com | tgl. 8–17 Uhr | 40 US-$, Kinder 24 US-$

9 Unter funkelnden Sternen D4

Der Ort Manuel Antonio kann ganz schön rummelig wirken. Wenn man den Eingang des Mariposa-Hotels betreten hat, lässt man das Laute und Gewöhnliche zurück. Steuern Sie den Poolbereich und die daneben liegende

Restaurantterrasse an. Beim Lieblings-Sundowner und dem Blick auf den tief unten liegenden Pazifik, den Nationalpark und die vorgelagerten Inseln und Inselchen weitet sich jeder Glücksmoment zu einer kleinen Ewigkeit aus. Und wenn man das Hotel in einer sternenklaren Nacht wieder verlässt, hat sich der Zauber auf die ganze Umgebung ausgebreitet.

Restaurant Le Papillon im Hotel La Mariposa | Quepos | Ctra. a Manuel Antonio | Tel. 27 77 03 55 | www.lamariposa.com | tgl. 7–23 Uhr | €€€

10 Stir it up F3

Lange nicht mehr getanzt? In der Provinz Limón, wo sich Costa Rica ganz und gar karibisch gibt, tönt Reggae-Musik von überall her. Und was kann es Schöneres geben, als unter dem Sternenhimmel irgendwo in Puerto Viejo de Talamanca die Schuhe auszuziehen und barfuß im Sand am Karibikstrand zusammen mit Gleichgesinnten die Nacht durchzutanzen. Wenn dann noch eine Band sich zur spontanen Jam Session vereint, fühlt man sich dem Glück ganz nah.

Lazy Mon Beach Bar | Puerto Viejo de Talamanca | Salsa Brava Break | Tel. 27 50 21 16 | www.thelazymon.com | tgl. ab 13 Uhr

11 Essen mit Einheimischen in einer Soda F3

Frittierte »yucas« (Maniok) mit braunem Bohnenpüree als Vorspeise, Kokosnussreis, gebratene Bananen und fangfrischer Fisch – hier schmeckt alles »muy rico«. In einer costa-ricanischen Soda an der Karibikküste, einem einfachen Restaurant, isst man wie die Einheimischen und meist auch mit ihnen. Fragen Sie, was man Ihnen als Gericht des Tages (»menu del día«) empfiehlt. Hier gibt es original karibische Hausmannskost wie deftige Eintöpfe. Die einheimischen Gäste freuen sich über Touristen, die die etwas abgelegene Soda finden.

Soda Lidia's Place | Puerto Viejo de Talamanca | Av. 67/Calle 217 | Tel. 27 50 05 98 | tgl. 9–22 Uhr | €

NEU ENTDECKT

Worüber man spricht

Jedes Land verändert sich – auch wenn vieles beim Alten bleibt. Durch neu eröffnete Museen, Hotels oder Restaurants gewinnen Orte und manchmal ganze Landstriche weiter an Attraktivität. Ebenso lässt sich dasLand mit neuen Freizeitangeboten vielfältiger erleben und vielleicht sogar mit anderen Augen sehen. Hier erfahren Sie alles über die jüngsten Entwicklungen.

◀ Ideal für den Verwöhnurlaub: Alta Gracia Boutique Hacienda (▶ S. 17).

MUSEEN UND GALERIEN

Museo del Jade y de la Cultura Precolombina ▶ Klappe hinten, d 3

Das Jademuseum beendete sein stiefmütterliches Dasein in der 11. Etage der Behörde für soziale Sicherheit und zog in ein 21 Mio. US-Dollar teures fünfstöckiges Gebäude an der Westseite der Plaza de la Democracia, in dem jetzt jedes einzelne Stück seiner 6889 Schätze zu sehen ist. Wer bislang zu bequem war, den umständlichen Weg auf sich zu nehmen, hat jetzt kaum noch eine Ausrede. In sechs Ausstellungssälen kann man sich inspirieren lassen vom Kunstschaffen längst untergegangener Völker – gemeinsam mit den Ticos, die in allen Medien über das neue großartige Museum berichteten.

San José | Av. Central/Calle 11 | Tel. 22 87 60 34 | Mo–Fr 8.30–15.30, Sa 10–14 Uhr | 9 US-$

Museo Sitio Arqueológico Finca 6

E 5

Im Dunkel der Geschichte verschwunden ist das Wissen über die geheimnisvollen Steinkugeln, eine der wenigen Hinterlassenschaften der präkolumbischen Völker Costa Ricas. Nur langsam änderte sich die Gleichgültigkeit, mit der das Tausende Jahre alte Erbe betrachtet wurde. Jetzt gibt es endlich ein Museum, das ganz und gar den »esferas« gewidmet ist. Auch der Ort ist richtig gewählt: Die aufwendig gearbeiteten Dokumentationen und Ausstellungen wurden bei einem der Fundorte eingerichtet. Besuchern bleibt eigentlich nur die Wahl, ob sie zuerst in das Museum oder direkt zu den Steinkugeln gehen – denn verpassen darf man die Kugeln auf keinen Fall, wenn man im Süden des Landes unterwegs sein sollte (▶ S. 150).

Museo Sitio Arqueológico Finca 6 | 5 km südwestl. von Palma Sur Richtung Sierpe | Di–So 8–16 Uhr | Eintritt frei

ÜBERNACHTEN

Alta Gracia Boutique Hacienda

E 4

Hohe Eleganz – Im Süden von Costa Rica eröffnete das Alta Gracia, Mitglied der prestigeträchtigen Gruppe »Leading Hotels of the World«. Umgeben von 360 ha Land erwartet den Gast ein überaus luxuriöses Landleben, wie man es sich schöner kaum vorstellen kann. Gewohnt wird in eigenen Casitas, auf das Feinste möbliert und auch äußerlich wunderschön anzusehen, mit roten Ziegeln und von blühenden Pflanzen umgeben. Wenn man sein Hideaway auf Zeit verlässt, dann, um eines der sieben vorzüglichen Restaurants aufzusuchen, auf einem der ungezählten Wanderwege zu laufen oder sich anderweitig zu betätigen. So gibt es einen eigenen Reitstall und auch Ultraleicht-Flüge.

Pérez Zeledón | Ctra. 243, 50 km nordöstl. von Quepos | Tel. 22 53 61 33 | www.altagracia.cr | 50 Casitas | €€€€

Dreams Las Mareas

A 2

All-inclusive-Resort – All-inclusive-Hotelanlagen, bei denen Urlauber keinen Fuß mehr nach draußen setzen, weil im Hotel alles schon bezahlt ist, gab es zum Glück lange Zeit nicht in Costa Rica. Erst nach und nach entstanden auf der neuen In-Destination Nicoya-Halbinsel einige wenige und zwar im oberen Preissegment. Dieses neu eröffnete All-inclusive-Resort ist zum großen Teil erfreulich. Zum einen wurde es unweit der Grenze zu Nicaragua am Pazifik erbaut, nämlich in einer Region, die recht abgelegen ist, eröffnet also auch Einnahmequellen in einer strukturschwachen Region, zum anderen erwartet den Gast hier hohe Qualität in nahezu allen Bereichen. Das trifft vor allem auf die Restaurants zu, von denen fünf À-la-carte-Restaurants sind, die z. B. asiatisches oder mexikanisches Essen anbieten oder auf Fisch spezialisiert sind. Außerdem gibt es noch ein Grillrestaurant, ein Buffet-Restaurant und ein Café. In allen Restaurants kann man vegetarische oder glutenfreie Speisen bekommen. Die Restaurants werden von sieben Bars und Lounges ergänzt.

Playa El Jobo, Bahía de Salinas | nordwestl. von Liberia | Tel. 26 90 24 00 | www.dreamsresorts.com | 447 Zimmer | €€€€ | ♿

ESSEN UND TRINKEN

Neshuma ▶ Klappe hinten, östl. f 4

Vegetarisch erfolgreich – Vegetarische Restaurants sind in Costa Rica bei den Einheimischen weniger beliebt und richten sich bisher hauptsächlich an Gäste aus den USA und Europa. Doch dieses Lokal ist auch bei Ticos sehr gefragt. Das liegt auch an seinem breiten Angebot: Pizza frisch aus dem Holzofen, italienische Pasta und üppige Wraps, Vollwert-Sandwiches und vegetarische Sushi sowie asiatische Nudelgerichte. Auch laktose- und glutenfreie Gerichte sind zu haben. Große Wein- und Getränkekarte, eine angenehme, zurückhaltend designte Umgebung und freundliche, effiziente Bedienung tragen ebenfalls zum Erfolg bei.

San José | Plaza Comercial San Pedro, gegenüber Mundo Loco | Tel. 22 24 17 00 | Di–Sa 11.30–23, Do 11.30–21 Uhr | €€

AKTIVITÄTEN

Freedom Riding Surf Shop & SUP Center B3

Stand up Paddling – was ist das überhaupt? Wenn es Ihnen auch so ergeht und Sie ratlos sind angesichts dieser

neuen, in Costa Rica immer beliebter werdenden Sportart, können Sie jetzt in Malpais nicht nur lernen, was ein SUP-Center ist, sondern auch noch Meister werden in der neuen Disziplin. Der alteingesessene Laden für Surfbretter bietet jetzt nämlich auch Unterricht in der nicht immer einfachen Kunst, das Stand up Paddling zu erlernen. Andy und seine Frau Edith freuen sich auf neue, wagemutige Schüler und versprechen, dass auch unsportliche Naturen binnen Kurzem beachtliche Erfolge erzielen können.

Malpais, Halbinsel Nicoya | Calle Principal (Ende) | Tel. 26 40 05 81 | Mo–Sa 9–18, So 9–12 Uhr

ONDA Spa A2

Sich mit den »heilenden Kräften der Natur und des Universums verbinden« ist die Philosophie des neuen Spas, das indianische Traditionen von Massagen und Wellnesstechniken wieder belebt. Im Andaz Resort an Costa Ricas Pazifikküste, wo das ONDA Spa seine Türen öffnete, wurden gleich neun Behandlungsräume geschaffen, drei davon im Freien, damit man beim Zwitschern der Vögel und dem Brandungsschlag der Wellen die Natur nicht nur spüren, sondern auch riechen und hören kann.

Andaz Península Papagayo Resort | Halbinsel Papagayo | Tel. 26 90 12 37 | www.papagayo.andaz.hyatt.com | tgl. 10–21 Uhr | ONDA Ritual Package 320 US-$

Selvatura Educational Center C2

Das private Naturschutzgebiet in Monteverde ist bekannt für seine spektakulären Ziplines und Hängebrücken. Nicht verpassen darf man bei einem Besuch auch das neu eröffnete Educational Center, das Besucher auf vieles aufmerksam macht, was es in den Nebel- und Regenwäldern zu entdecken gibt. Unter anderem wird der aufwendig gedrehte Film »Einzigartige Wunder des Regenwalds« gezeigt, der die bizzarsten und kleinsten gut getarnten Kreaturen zeigt, die man in der freien Natur wahrscheinlich übersieht. Außerdem wird die Sammlung »Jewels of the Rainforest« des Biologen Richard Whitten gezeigt, die den wundervollen Mikrokosmos des Regenwalds beleuchtet. Nicht neu, aber immer schön ist der Besuch des Hummingbird Gardens sowie des Schmetterlingsgartens.

Selvatura Park | 5 km nordöstl. von Santa Elena, Richtung Santa Elena Cloud Forest | Tel. 26 45 59 29 | www.selvatura.com | tgl. 7–16 Uhr | 30 US-$

Weitere Neuentdeckungen sind durch dieses Symbol gekennzeichnet.

Im Selvatura-Schmetterlingsgarten (▶ S. 19) kann man über 20 Arten der zarten Geschöpfe wie diesen Waldgeist (greta oto) mit durchsichtigen Flügeln bewundern.

Doppelt sportlich: Surfer mit Fahrrad an der südlichen Pazifikküste.

COSTA RICA
ERLEBEN

ÜBERNACHTEN

Ob Beachside Cabaña, Öko-Lodge, urige Bed-and-Breakfast-Pension oder Fünf-Sterne-Herberge: Costa Rica bietet heute eine große Auswahl an individuellen Unterkünften in allen Preiskategorien, an den Stränden wie im Landesinneren.

Typisch für Costa Rica: Rustikale Unterkünfte inmitten grandioser Natur, mit Blick auf Vulkane, Seen und das Meer. Ins Staunen gerät man angesichts der Häuser, die inmitten von Nationalparks untergebracht sind: Umgeben von Baumriesen, viele Kilometer entfernt von den nächsten Siedlungen, liegen perfekt in die tropische Landschaft integrierte Lodges. Lärmempfindlich darf man hier nicht sein: Nach Einbruch der Nacht kann es nämlich durchaus laut werden. Dann quaken Frösche, hört man Papageien und Tukane schreien, während tagsüber Affen durch das Gebüsch turnen. Hier zu übernachten ist eine großartige Möglichkeit, das besondere Lebensgefühl, das Costa Rica ausmacht, in sich aufzunehmen. Zwischen Karibik- und Pazifikküste findet man heute Hunderte von kleinen, individuellen Unterkünften. In Costa Rica sind es oft Ausländer, die zu Hoteliers geworden sind: Schweizer, Italiener, Deutsche und immer

◄ Entspannung auf höchstem Niveau im Four Seasons Resort Papagayo (► S. 23).

wieder US-Amerikaner, die sich ihren Lebenstraum erfüllten, ein Stück Land erwarben, darauf eine Pension oder eine **Lodge** errichteten und im Einklang mit der Natur leben. Mangelnde Professionalität wird mit besonderer Freundlichkeit und günstigen Preisen ausgeglichen.
Auch (junge) Reisende mit niedrigem Budget finden in Costa Rica etwas Passendes. Neben einfachen Zimmern in privaten Häusern, kleinen Pensionen und Jugendherbergen (»hostales«) finden sich besonders entlang der Strände zahlreiche einfache **Cabaña-Hotels**, die für ein paar Dollar einen rustikalen und stimmungsvollen Aufenthalt ermöglichen. Mitunter können sogar Hängematten, sogenannte »hamacas«, gemietet werden.

LUXUS AM STRAND

Daneben gibt es aber auch immer mehr Unterkünfte im Vier- und Fünf-Sterne-Bereich. Umgeben von gärtnergepflegten tropischen Parks, an schneeweißen Pazifikstränden oder in atemraubenden Lagen an den Hängen von Vulkanen liegen diese außergewöhnlichen Hideaways. Small Distinctive Hotels (www.distinctivehotels.com) verzeichnet eine ganze Zahl von außergewöhnlichen **Luxushotels** in allen Regionen von Costa Rica.
Deutlich preiswerter und fast genauso schön kommt man in den Tucan-Hotels unter: Etwa ein Dutzend kleinerer (deutschsprachiger) Lodges, B&B-Häuser und Bungalow-Hotels, über das ganze Land verteilt, bieten preiswerte Unterkunft, meist mitten in der Natur (www.tucan-hotels.com).
Seit Ende 2014 darf in Costa Ricas Hotels nicht mehr geraucht werden, dies gilt auch für das gesamte Hotelgelände. Strafe bei Zuwiderhandlung: 800 US-Dollar.

BESONDERE EMPFEHLUNGEN

Four Seasons Resort Papagayo 👪 A2

Tropischer Country-Style – Seit seiner Eröffnung 2004 das beste Hotel des Landes, Zimmer in der einfachsten Kategorie haben schon 56 qm mit eigenem Balkon bzw. Terrasse hoch über dem Meer. Design und Ausstattung sind kaum zu übertreffen, dazu kommen vier in die tropische Landschaft integrierte Pools und zwei äußerst gepflegte Strandabschnitte. Das Spa verwöhnt mit höchstem Standard und edlem tropischen Design, der Golfplatz zaubert ein Lächeln auf das Gesicht von Anfängern wie Könnern. Und auch auf Öko wird Wert gelegt, z. B. durch Mülltrennung auf den Zimmern und die Einbeziehung ökologischer Standards bereits bei der

Hotelplanung. Natur spielt heute die Hauptrolle in diesem Resort: Das parkartige Gelände wird bevölkert von Affen und Leguanen, Schmetterlingen, Kolibris und Dutzenden anderer tropischer Vögel, und nachts fliegen Glühwürmchen durch die Bäume. Kinder bis 18 Jahre übernachten kostenlos im Zimmer der Eltern, für Jugendliche gibt es ein eigenes Teen Center.

Halbinsel Papagayo | 47 km westl. von Liberia | Tel. 26 96 00 00 | www.fourseasons.com/costarica | 181 Zimmer | €€€€

Laparios Lodge E5

Juwel im Regenwald – Eine Luxuslodge, die gleichzeitig ökologisch ausgerichtet ist, liegt inmitten eines privaten großen Schutzgebietes. Von den erhöht gelegenen Gästevillen (mit Tropenhölzern, Aussichtsplattform mit Loungemöbeln, Luxusbad mit Regendusche etc.) genießt man einen traumhaften Panoramablick auf den tief gelegenen Pazifik. Einziges Manko: Die Lodge erfordert ein gewisses Maß an Fitness, denn teilweise sind es an die 200 Stufen, um von den großzügigen und romantischen Unterkünften zum höher gelegenen Restaurant zu gelangen.

Halbinsel Osa | 18 km von Puerto Jiménez | Tel. 27 35 51 30 | www.laparios.com | 16 Bungalows | €€€€

Luna Lodge E6

Palmblattgedecktes Refugium – Mit den kleinen, komfortablen Bungalows erfüllte sich die Inhaberin ihren persönlichen Traum. Und das mit großem Erfolg! Die in diversen US-amerikanischen Magazinen in höchsten Tönen gelobte Lodge ist ideal für Gäste, die sich für ein paar Tage von der Zivilisation verabschieden möchten und inmitten des Regenwaldes mit einem Hauch von Luxus wohnen wollen. Man hat die Wahl zwischen Bungalows, farbenfroh im Hacienda-Stil gestalteten Gästezimmern oder rustikalen Zeltunterkünften.

Playa Carate | Corcovado, Halbinsel Osa | Tel. 40 70 00 10 | www.lunalodge.com | 8 Bungalows, 3 Zimmer, 5 Zelte | €€€–€€€€

Orosi Lodge D3

Im schönen Orosí-Tal – Kleines, sympathisches Hotel (Mitglied der Tucan-Hotels) im Kolonialstil in dem für viele Reisende schönsten Tal Costa Ricas, dem lieblichen Valle de Orosí. Zimmer im ersten Stock haben Blick auf die Vulkane Irazú und Turrialba. Top: die gemütliche Cafeteria mit Galerie und Bibliothek im tropischen Stil. Bei Cappuccino und hausgemachten Kuchen genießt man den Blick auf Palmen vom Balkon.

Orosí bei Cartago | neben den Aguas Termales | Tel. 25 33 35 78 | www.orosilodge.com | 8 Zimmer | €–€€

Paraíso del Cocodrilo A3

Unter Kokospalmen – So stellen sich viele ihr persönliches Nirwana vor: ein gepflegtes Strandhotel auf der Nicoya-Halbinsel inmitten üppiger Vegetation, ein Hauch von Kolonialstil und jede Menge inspirierende Einrichtungsdetails – und der gewaltige Pazifik kaum mehr als 300 m entfernt.

Playa Buena Vista | 6 km nordwestl. von Sámara | Tel. 26 56 80 55 | www.paraiso-de-cocodrilo.com | 12 Zimmer und Apartments | €

Shawandha Lodge F3

Künstlerisch im Regenwald – Palmblattgedeckte zweistöckige Hütten im sogenannten neo-primitiven Stil, Inhaber sind der aus Ibiza stammende Mode- und Interieurdesigner Maho Díaz und dessen Freund Nicolas Buffile. Natur, die Geräusche des Regenwaldes statt TV (auf das man hier verzichtet hat), der Traum vom einfachen Leben findet statt an der südlichen Karibikküste, etwa 200 m vom Chiquita-Strand.

Playa Chiquita | 6 km südöstl. von Puerto Viejo de Talamanca | Tel. 27 50 00 15 | www.shawandhalodge.com | 13 Bungalows | €€–€€€

Xandari Resort & Spa D3

Farbenfroher Künstler-Stil – Vom riesigen Pool blickt man auf die Ebene der Meseta Central. Man wohnt in frei stehenden Villen, die in die tropische Parkanlage, durch die Wanderweg führen, perfekt integriert sind. Das Interieur leuchtet in karibischen Pastellfarben, alles atmet eine ruhige Heiterkeit aus. Schönes Restaurant mit Aussichtsterrasse, in dem eigene Produkte verarbeitet werden. Als erste Adresse nach der Ankunft in Costa Rica wie vor dem Nachhauseflug ist diese Unterkunft die beste Wahl.

Alajuela | 5 km nördl. an der Straße zum Vulkan Poás | Tel. 24 43 20 20 | www.xandari.com | 24 Villen | €€€–€€€€

Weitere empfehlenswerte Adressen finden Sie im Kapitel COSTA RICA ERKUNDEN.

Preise für ein Doppelzimmer mit Frühstück:

€€€€	ab 150 €	€€€	ab 100 €
€€	ab 50 €	€	bis 50 €

Kräftige karibische Farben in der leuchtenden Sonne verstärken das positive Urlaubsfeeling im attraktiven Xandari Resort & Spa (► S. 25) bei Alajuela.

ESSEN UND TRINKEN

Wenn die »comida típica«, das typische einheimische Essen mit Reis, Bohnen und Huhn, zu langweilig wird, genießt man die Kochtraditionen aus aller Welt. Vorzügliche indische und chinesische ebenso wie vegetarische Restaurants gibt es fast überall.

Die costa-ricanische Küche ist nicht gerade bekannt für die Raffinesse ihrer Zubereitung. In den kleinen Restaurants für Einheimische, »sodas« genannt, genießt man die meistens »casado« genannten Gerichte, die aus gekochtem weißen Reis, schwarzen, braunen oder roten Bohnen und dazu Fleisch, Geflügel oder Fisch bestehen. Das **Nationalgericht** heißt »gallo pinto« (gefleckter Hahn) und wird bereits zum Frühstück gern gegessen: Bohnen, Zwiebel und Gewürze. Dazu gibt es gebratenen Reis, Spiegel- oder Rühreier sowie ofenwarme Tortillas aus Maismehl.

Zahlreiche weitere Gerichte stammen aus Mexiko. Neben »tacos« (frittierte Tortillas), die mit Fleisch oder Fisch belegt und mit Käse bestreut werden, kann man überall »chilaquiles« (gebratene Tortillas mit Hühnerfleisch, Zwiebelringen, Sauerrahm) und »enchiladas« (mit Rindfleisch oder Gemüse gefüllte weiche Tortillas, mit Sauce übergossen) genießen.

◄ Wer Früchte liebt, wird sich in Costa Rica wie im Genießerparadies fühlen.

Nähr- und eiweißreich ist der mehrfach gebratene Brei aus pürierten Bohnen (»frijoles«), nämlich »frijoles refritos«, den man in Costa Rica eigentlich zu jeder Mahlzeit dazu essen kann. Als Vorspeise unentbehrlich ist »guacamole«, für die jede Hausfrau, jedes Restaurant ein eigenes Rezept kennt. Außer pürierten Avocados, klein geschnittenen Zwiebeln, Limonensaft und Tomatenstückchen werden dazu Knoblauch, Kräuter und mitunter auch Käse und Chilischoten verwendet.

VORSPEISEN UND EINTÖPFE

Zu den typischen Vorspeisen gehört »ceviche«, in Zitronensaft marinierter, fangfrischer roher Fisch, Krabben und Muscheln – die zentralamerikanische Version von Sashimi. Als »olla de carne« wird ein deftiger, mitunter scharf gewürzter **Eintopf** aus Rindfleisch, Karotten und Kartoffeln bezeichnet, während es sich bei »patacones« um einen Snack aus frittierten Kochbananen handelt.

KARIBISCHE SPEZIALITÄTEN

Für Abwechslung auf den Speisekarten sorgen in erster Linie Ausländer. Die vielen Einwanderer aus aller Welt brachten ihre Kochtraditionen mit, und besonders San José ist in dieser Hinsicht eine kulinarische Hochburg. Hier findet man indische und chinesische ebenso wie italienische und französische, mexikanische und US-amerikanische Restaurants in jeder Preisklasse. Groß ist das Angebot auch an den von Touristen besuchten Orten im zentralen Hochland, der Pazifik- wie der Karibikküste. Dort verbindet sich die costa-ricanische Küche zudem mit der der Karibik, und das »gallo pinto« kommt mit Kokosmilch, Ingwer und Chili auf den Tisch. Als Dessert beliebt ist Milchreis (»arroz con leche«) sowie »pastel de tres leches«, ein aus Mager-, Voll- und Kondensmilch zubereiteter, äußerst saftiger Kuchen.

FRÜCHTE PUR ODER ALS SAFT

Das Angebot an tropischen Früchten ist riesengroß, bereits zum Frühstück werden selbst in kleinen Pensionen frische Ananas, Mangos, Papayas, Bananen und Honigmelonen gereicht. Aus den Früchten presst man überall wohlschmeckende Säfte, die mitunter mit Gemüsesäften gemischt werden. Zum Essen gibt es Mineralwasser und Erfrischungsgetränke, und als

Sundowner (dem Drink zum Sonnenuntergang) darf es ein tropischer Cocktail sein, vielleicht eine Piña Colada (mit Kokosmilch, Ananassaft und Rum) oder Margarita (mit Tequila und Zitronensaft). **Bier** gibt es von Dutzenden lokalen Anbietern, oft als Lager, und sogar ein »bavaria dark« (Starkbier) ist erhältlich.

BESONDERE EMPFEHLUNGEN

El Anfiteatro
C3

Piña Colada an der Sunset Bar – Sehen, wie die Sonne als glutroter Ball versinkt, die Geräusche des Urwalds hören und nichts mehr entscheiden müssen, als welchen Cocktail und welches Menü man gleich bestellen wird. Ob Caesar Salad, Tartar vom Thunfisch oder gegrillte Garnelen: Alles ist gleichermaßen verlockend.

Hotel Villa Caletas | Herradura | Ctra. 34, 8 km nördl. von Jacó | Tel. 26 30 30 00 | www.villacaletas.com/anfiteatro | tgl. 7–22 Uhr | €€€

El Avión
D4

Restaurant mit Flugzeug – Das Innere des ausrangierten Flugzeugs (Fairchild C-123) auf dem Restaurantgelände dient heute als Bar, der Blick schweift auf den Pazifik. Reichhaltige Speisekarte, auch vegetarische und Costa-Rica-Küche ebenso wie Spareribs und Chop Suey, köstliche Obstsäfte und Cocktails.

Manuel Antonio | Ctra. Quepos a Manuel Antonio | Tel. 27 77 33 78 | tgl. 8–24 Uhr | €€

El Tigre Vestido
D3

Genießen und Gutes tun – Gerichte aus Costa Rica und Zentralamerika, frische, teilweise für Besucher ungewöhnliche und exotische Zutaten, zum Teil aus Bioproduktion und allesamt lokal erzeugt, werden in diesem luxuriösen Hotelrestaurant mit Blick auf die Lichter des Valle Central serviert. Und zehn Prozent des Gewinns fließen in soziale Projekte und Schulspeisungen!

Hotel Finca Rosa Blanca | 2 km nordwestl. von Santa Bárbara de Heredia | Tel. 22 69 93 92 | www.fincarosablanca.com | tgl. 19–22 Uhr | €€€€

Restaurant 1930
► Klappe hinten, c 3

Blick auf das Nationaltheater – Käsekuchen oder Chocolate Muffins und dazu ein Café Latte oder Earl Grey: Unter den Arkaden des historischen Monuments genießt man, zwar mit vielen anderen Touristen, jedoch ungemein stimmungsvoll, und oft gibt es ein Marimbaspiel gratis dazu.

Gran Hotel | San José | Plaza de la Cultura, Av. Central-2/Calle 1–3 | Tel. 22 21 40 00 | www.granhotelcostarica.com | tgl. 8–23 Uhr | €€

Restaurante Elena Brown
F3

Karibik pur – Eine alte Dame mit westindischen Vorfahren kocht für die Besucher nach überlieferten Familienrezepten Hausmannkost, wie sie typisch ist für die Karibik. Man nimmt Platz auf der hölzernen Terrasse und lässt sich überraschen. Die scharfen, oft in Limone, Kokos und Mangosaft marinierten Fisch- und Fleischgerichte sind allesamt schmackhaft.

Im Restaurant Elena Brown (▶ S. 28) in Puerto Viejo de Talamanca wird man mit Hausmannskost wie dem Eintopf »casado de pollo con platanos fritos« verwöhnt.

Puerto Viejo de Talamanca | Ctra. 256 a Manzanillo, östl. Ortsausgang | Tel. 27 50 01 65 | tgl. 12–22 Uhr | €

Rondorama C2

Anfahrt mit der Eisenbahn – 3,5 km geht es mit der privaten Mini-Eisenbahn 200 m den Berg hoch zum Schweizer Dreh-Restaurant. Es gibt Rösti mit Geschnetzeltem und Bündner Fleisch mit Kompott, dazu frisches Walnussbrot.

Nuevo Arenal | Arenalsee | Tel. 26 92 80 13 | www.pequenahelvecia.com | tgl. 11–21 Uhr | €€

Tree House Restaurant & Café C2

So sieht ein Regenwald-Café aus – Ein gewaltiger Feigenbaum wächst durch das offenen Restaurant und beschattet die um den Innenhof und auf verschiedenen Ebenen angelegten Terrassen.

Santa Elena | Ctra. 620 a Monteverde/ Calle 8 | Tel. 26 45 57 51 | www.treehouse.cr | tgl. 11–22 Uhr | €–€€

Weitere empfehlenswerte Adressen finden Sie im Kapitel COSTA RICA ERKUNDEN.

Preise für ein dreigängiges Menü:

€€€€	ab 25 €	€€€	ab 15 €
€€	ab 10 €	€	bis 10 €

Im Fokus

Kaffee aus Costa Rica – sensible Pflanze, beliebtes Getränk

Costa Ricas geografische Voraussetzungen für den Anbau hochwertigen Kaffees sind hervorragend: Höhenlagen ab 800 m, fruchtbare Böden und regelmäßiger Niederschlag begünstigen die Pflanzung von etwa 300 verschiedenen Arabica-Spitzensorten.

Das beliebteste Getränk der Costa-Ricaner ist Kaffee, den man den ganzen Tag über genießt. Costa Rica und Kaffee – was heute so selbstverständlich zusammengehört, ist das Ergebnis einer Entwicklung, die zu Beginn des 19. Jh. ihren Anfang nahm. Selbst die US-amerikanische Kaffeehauskette Starbucks besitzt seit 2013 eine eigene Kaffeeplantage in Costa Rica. 240 ha Land, gelegen in 1700 m Höhe im Valle Central, ein idealer Standort, um dort mit neuen Sorten und Anbaumethoden zu experimentieren – aber auch, um ökologisch ausgerichtete Mittel gegen einen Pilz zu entwickeln, der zunehmend Kaffeepflanzen befällt. Wie teuer der Kauf war, geriet nicht an die Öffentlichkeit, doch kann man von 5 bis 10 Millionen Dollar ausgehen – ein geringer Betrag für die weltweit operierende Firma, wenn diese sich in einem der bekanntesten Länder für Kaffeeerzeugung und -export einkaufen kann.

◀ 5-Colones-Schein (▶ S. 33) mit dem Deckengemälde des Nationaltheaters.

Die Geschichte des Kaffeeanbaus begann damit, dass von der Karibikinsel Cuba die ersten Pflanzen nach Costa Rica gebracht wurden. Zunächst per Gesetz brachte man die Bevölkerung dazu, Kaffeeplantagen anzulegen. Kurze Zeit später konnte ab 1820 Kaffee nach Panama und Kolumbien exportiert werden, damals noch ein reichlich mühsames Unterfangen, denn die geernteten und gerösteten Kaffeebohnen mussten mit Ochsenkarren zum Pazifikhafen Puntarenas gebracht und dort verschifft werden. Einen Wendepunkt im Kaffeeexport brachte das Jahr 1932, als Kaffee nach Chile exportiert, dort umgepackt und weiter nach Europa transportiert wurde. Der Zugang zu neuen, vielversprechenden Märkten war damit erfolgt. Bereits elf Jahre später konnte Costa Rica direkt nach London liefern. Noch heute ist Kaffee mit 150 000 t pro Jahr ein bedeutendes Exportgut, und Costa Rica gilt als einer der größten Exporteure der Welt. Kaffee, so zeigt es die Statistik, kommt bei den Einnahmequellen des Landes gleich nach dem Tourismus, nach Ananas und Bananen.

DER AFRIKANISCHE COFFEA ARABICA

Die Erfolgsgeschichte basiert nicht zuletzt auch auf der Sortenwahl. In Costa Rica wird nur der hochwertige und aus Afrika stammende Coffea arabica in diversen Sorten angebaut, der Anbau des günstigeren, auch widerstandsfähigeren Coffea robusta ist gesetzlich untersagt. Heute gilt Costa Rica als Kaffeeland schlechthin. Als Crème de la Crème der Kaffeesorten gelten solche, die aus den Anbaugebieten Tarrazú stammen, in perfekter klimatischer und geografischer Lage nahe der Pazifikküste, umgeben von Vulkanbergen und dem Valle Central. Von 400 Millionen Kaffeesträuchern, die es in Costa Rica gibt, entfallen theoretisch rund 100 auf jeden Einwohner. Gleichwohl dient der Kaffeeanbau nahezu ausschließlich dem Export, und die Bevölkerung, so wird berichtet, greift vornehmlich auf die günstigeren, im Tiefland angebauten Sorten zurück.

KAFFEE-FINCAS IM VALLE CENTRAL

Der Kaffee wird in Costa Rica in Höhen zwischen 1000 und 1700 m vorwiegend, nämlich zu 70 Prozent, auf Kaffee-Fincas im Valle Central angebaut. In dieser gemäßigten Höhenlage herrschen tagsüber Temperaturen um 15 bis 25 Grad, es scheint die Sonne, und die Nächte sind angenehm kühl. Zudem bildet der nährstoffreiche, gut durchlässige Boden vulkani-

schen Ursprungs der Gebirgszüge einen idealen Untergrund für die Kaffeesträucher. Neben zahlreichen Großgrundbesitzern, den alten costaricanischen Kaffeefamilien, findet man auch viele Kleinbauern, die nur einige wenige Hektar Grundbesitz ihr eigen nennen und sich deshalb gern einer Kaffee verarbeitenden Kooperative anschließen. Die Höhenlage und das kühlere Klima des Valle Central führen zur höchsten bekannten Qualitätsstufe, genannt SHB (»strictly hard bean«), da die Sträucher unter diesen Bedingungen langsamer wachsen. Zudem speichern die Kaffeebäume über 1200 m weniger Wasser, und auf diese Weise können die härtesten Kaffeebohnen gedeihen. Hohe Qualität sichert zudem der Biokaffeeanbau, der in Costa Rica immer größere Verbreitung findet und bei dem u. a. weniger Kaffeesträucher pro Fläche angebaut werden.
Die kleinen immergrünen Kaffeebäume können bis zu 5 m hoch werden, werden auf den Fincas jedoch auf 1,50–3 m zurückgeschnitten. Sie werden unter Schatten spendenden Bäumen (»Urwaldschatten«) angebaut, da die zarten Pflanzen direktes Sonnenlicht nicht vertragen. Die leuchtend grünen Sträucher blühen nach drei bis vier Jahren zum ersten Mal in Weiß, und bald darauf bilden sich grüne Früchte (Steinfrüchte), die rot werden, wenn sie reif sind und deshalb auch Kirschen genannt werden. Die Kerne enthalten zwei Samen (Doppelbohne), die eigentlichen Kaffeebohnen. Seltener findet man Kaffeekirschen mit einer Bohne, sogenannte »caracoli«.

ERNTE, VERARBEITUNG UND ZUBEREITUNG

Ein Kaffeestrauch produziert unter guten Bedingungen etwa 3 kg Früchte pro Jahr. Daraus gewinnt man ca. 500 g Kaffee, in Costa Rica macht dies durchschnittlich etwa 1600 kg pro ha aus. Nach 20 bis 30 Jahren wird der Kaffeestrauch entwurzelt und durch einen neuen ersetzt. Zehn Tage nach den ersten Regenfällen im März/April fangen die Kaffeesträucher an zu blühen, acht bis zehn Monate später beginnt die Ernte. Sie erstreckt sich von November bis Februar, denn die Kaffeekirschen (in Costa Rica »grano de oro« genannt) werden von Hand gepflückt, wenn sie rot geworden sind. Daher sind mehrere Durchgänge erforderlich, oft einmal pro Woche. Die Erntearbeiten werden meist von Helfern aus Nicaragua und Panama erledigt.
Nach der Ernte erfolgt in dem sogenannten »beneficio« die Weiterverarbeitung, zunächst die Trocken- oder Nassaufbereitung. Die Kirschen werden getrocknet (auf dem Boden ausgebreitet dauert dies 3 bis 5 Wochen), um ihren Wassergehalt von ca. 50 auf 12 Prozent zu senken. Das

Fruchtfleisch wird entfernt, meist mechanisch abgeschält. Dieses Fruchtfleisch wird oft als Dünger verwendet. Das anschließende Rösten (12 bis 18 Minuten, längeres Rösten führt zum Espresso mit weniger Koffein) erfolgt auch in den Importländern.
In Costa Rica brüht man den Kaffee auf, indem man heißes Wasser in einen einfachen Stofffilter, der wie eine Socke aussieht und von einem Gestell gehalten wird, mit dem gemahlenen Kaffee gießt. Vom Filter läuft der Kaffee in einen darunter gestellten Topf oder in eine Kaffeekanne. Die Filter kann man in jedem Supermarkt kaufen und in einigen Cafés auch die Zubereitung beobachten.

KAFFEE AUF DEM GELDSCHEIN

»Der schönste Geldschein der Welt« wird er genannt, der 5-Colones-Schein von Costa Rica. Er zeigt auf seiner Rückseite das Gemälde »Alegoría« von J. Villa aus dem Jahre 1897, das auch als Deckengemälde das Nationaltheater in San José schmückt. Die bunte Szene – eine Allegorie von Kaffee und Bananen – stellt das lebhafte Treiben am Strand bei der Beladung eines Schiffes dar, darunter Kaffee und Bananen. Außerdem erkennt man einen Kaffeestrauch, Körbe und eine Bananenstaude.

COFFEE TOURS

An mehreren Orten Costa Ricas werden sogenannte Coffee Tours angeboten, die sich an Touristen richten. Bei einem Rundgang in der Plantage – manchmal erfolgt der Transport in einem Ochsenkarren – wird man mit dem Lebenszyklus des Kaffeebaumes vertraut gemacht, vom Setzen des Samens bis zur Demonstration des Erntevorganges. In der Zeit zwischen November und Februar können die Besucher auch selbst das Ernten probieren. Das Schälen der Frucht durch die Schälmaschine und das anschließende Trocknen im Trocken-Patio (einem Zementhof) lassen sich ebenfalls beobachten. Schließlich sieht man das Sortieren, das Lager mit den Kaffeesäcken, und auch der Röstvorgang wird demonstriert. Nach einer Kostprobe darf man dann im Kaffeeladen einkaufen.

Don Juan Coffee Tour, Monteverde, Tel. 26 45 71 00, www.donjuancoffee tour.com, tgl. 9–18 Uhr, 30 US-$, Kinder 12 US-$

Wer auf seiner Costa-Rica-Reise nicht in Santa Elena/Monteverde vorbeikommt, findet bei der Britt Coffee Tour in dem Ort Barva de Heredia, 13 km nördlich von San José, ein ähnliches Programm.

Café Britt, Barva de Heredia, Tel. 22 77 16 00, www.coffeetour.com, 4 x tgl., 22 US-$, Kinder 17 US-$

Grüner reisen
Urlaub nachhaltig genießen

Wer zu Hause umweltbewusst lebt, möchte vielleicht auch im Urlaub Menschen unterstützen, denen ein verantwortungsvoller Umgang mit der Natur am Herzen liegt. Empfehlenswerte Projekte, mit denen Sie sich und der Umwelt einen Gefallen tun können, finden Sie hier.

Das Quaken der Frösche, der Ruf der Vögel und das leise Plätschern des Regens sind beim Frühstück zu hören, wenn Natursäfte, Vollkornprodukte und Käse aus der lokalen Käserei serviert werden: In Costa Rica kann man Ökotourismus auf das Schönste genießen. Man wohnt in kleinen, familienbetriebenen Lodges, deren Besitzer im Einklang mit der Umgebung leben wollen und die sich aktiv für Umweltschutz engagieren. Aus aller Welt kamen »grüne Aussteiger«, die sich hier ihren Traum erfüllen und die es genießen, nicht nur Geld mit sanftem Tourismus zu verdienen, sondern den Menschen und der Natur auch etwas zurückzugeben. Tatsächlich hat sich das kleine Land bereits in den vergangenen Jahrzehnten zum Paradebeispiel für grünen, umweltverträglichen Tourismus entwickelt. Kein Wunder, das sich dieser nachhaltige Tourismus auch zu einer bedeutenden Wirtschaftsquelle entwickelt hat. Besonders in den letzten Jahren hat die Bedeutung des Ökotourismus für das Land noch mehr zugenommen, und es wurde begonnen, ernsthafte Richtlinien zu entwickeln, die sicherstellen, dass es sich bei Öko-Hotels und Öko-Lodges nicht nur um ein modisches Label handelt, das Touristen anziehen soll. Das staatliche Tourismusinstitut (ICT) hat es sich zur Aufgabe gemacht, zusammen mit lokalen Gruppen und Unternehmen, der Universität von Costa Rica, dem Institut INBIO und der regierungseigenen Behörde für Ökotourismus (CANAECO) Richtlinien für eine Zertifizierung heimischer Betriebe zu entwickeln. Hotels und Pensionen ebenso wie Restaurants, Geschäfte und Reiseagenturen, die das Zeichen CST tragen (Certificado para la Sostenibilidad Turística), das es in den Stufen eins bis fünf gibt, zeigen damit an, dass sie sich einer gründlichen Nachhaltigkeitsprüfung unterzogen haben.

ÜBERNACHTEN

La Cusinga Eco Lodge D/E 4

Gelegen in einem privaten, 240 ha großen Regenwald und angrenzend an den Ballena Marine National Park (Wale!), wohnen Sie in einem von zehn aus Holz (aus nachhaltiger Agrarwirtschaft) erbauten Bungalows oder Zimmern. Man sieht und schmeckt das Meer von allen liebevoll von lokalen Handwerkern gestalteten Zimmern. Die richtige Adresse, wenn man nicht nur wandern möchte, sondern auch Interesse daran hat, zu schwimmen oder zu surfen oder (in einem traumhaften schönen, offenen Studio über dem Meer) Yoga-Asanas zu üben. Die Betreiber, die die Lodge seit mehr als 20 Jahren unterhalten, verfolgen ehrgeizige ethische und soziale Ziele. Ihre Lodge wurde mehrfach ausgezeichnet. Die Angestellten werden gut entlohnt, die Gäste sind hoch zufrieden – eine Win-win-Situation für alle Beteiligten.

Playa Pedregosa | Ctra. 34, km 166,5, 5 km südlich von Uvita | Tel. 27 70 25 49 | www.lacusingalodge.com | 10 Bungalows/Zimmer | €€€

Posada Rural Cerro Escondido B 3

Die von der Non-Profit-Organisation Asepaleco auf der Halbinsel Nicoya betriebene Cerro Escondido Lodge zeigt, dass einige der besten und schönsten Öko-Lodges auch sehr günstig sein können. Nur zu Fuß bzw. auf dem Pferderücken erreicht man das inmitten des Karen-Mogensen-Naturschutzgebietes liegende ehemalige Farmhaus, das von einfachen, aus Holz gebauten Cabinas umgeben ist. Tagsüber ist man unterwegs auf den vielen Wanderwegen (diverse Schwierigkeitsstufen) im Regenwald, durch den die markerschütternden Schreie der Brüllaffen hallen. Eine Attraktion ist der Wasserfall Velo de Novia, der sich in Kaskaden 18 m in die Tiefe stürzt.

Jicaral | Nordostküste der Halbinsel Nicoya | Tel. 26 50 06 07 | www.asepaleco.com | 4 Zimmer | €

Selva Bananito Ecolodge F 3

Öko-Hotels gibt es viele, diese Lodge nahe der Karibikküste gehört zu den wenigen, die die höchste Stufe des Zertifikats für nachhaltigen Tourismus verliehen bekamen. Umgeben von Regenwald und gelegen im eigenen privaten Schutzgebiet, das ausschließlich den Besuchern zugänglich ist, wohnt man in wunderschönen Cabinas, die von der Besitzerfamilie Stein auf deren 850 ha großen Farm aus recyceltem Holz erbaut wurden. Jürgen Stein, Vizepräsident von CANAECO, der costa-ricanischen Ökotourismuskammer, und Initiator des Programms für klimabewusste Reisen (VCC), stellte sicher, dass das gesamte im Hotel benötigte Wasser mit Sonnenenergie erhitzt werden kann. Dem karibischen Baustil entsprechend stehen die Häuser auf Stelzen, was die eindringende Feuchtigkeit verringert und für Luftzirkulation sorgt. Abends trifft man sich im Restaurant – für alle Gäste gibt es ein festes Menü – , das mit Kerzenlicht erhellt wird. In den einfachen und gleichermaßen luxuriösen Cabinas werfen Gaslampen und Kerzen romantische Schatten. Und um die nahe Bevölkerung zu unterstützen, gründeten die Besitzer die Stiftung Fundación Cuencas de Limón.

Bananito Norte | 35 km südl. von Puerto Limón | Tel. 22 53 81 18 | www.selvabananito-lodge.de | 11 Cabinas | €€€

EINKAUFEN

Galería Namu ▶ Klappe hinten, d 2

Die Galerie für Volkskunst bietet nicht nur seltene hochwertige Kunstobjekte und Handwerksprodukte an, sondern ist auch engagierter Vertreter des Fairtrade-Gedankens und unterstützt lokale Kooperativen. Neben aus Holz geschnitzten Zeremonial- und Stierkopf- (Toro) Masken der in Costa Rica lebenden Borunca-Indianer (Brunka Masks genannt) werden von Frauen der in Panama lebenden Wounaan-Indianer hergestellte Körbe verkauft, farbenprächtige Kunstwerke mit geometrischen und floralen Mustern. Es gibt Aquarelle von der Karibikküste und ungewöhnlich gearbeitete Schmuckstücke. Die Homepage bietet einen guten Eindruck von der Exklusivität des Angebots.

San José | Av. 7/Calles 5–7 | www.galerianamu.com | Mo–Sa 9–18.30 Uhr (Jan.–April auch So 13–17 Uhr)

AKTIVITÄTEN

Coopeldós C2

Wenn man einmal sehen und schmecken möchte, woher die US-Kaffeekette Starbucks ihren Fairtrade-zertifizierten Kaffee bekommt, bucht man hier eine Tour: Die bereits 1971 gegründete Kooperative von mittlerweile 400 kleinen und mittelständischen Erzeugern für organischen Kaffee in der Monteverde-Region bieten eine interessante Eco Coffee Tour. Besucht werden eine Coopeldós-Kaffeefarm und deren organische Plantage, man wird mit dem Prozess des Anbaus, Erntens und Verarbeitens vertraut gemacht. Abschließend kann man sich selbst vom exquisiten Geschmack frisch gebrauten Öko-Kaffees überzeugen, zu dem Bananenbrot und andere typische Leckereien gereicht werden.

El Dós de Tilarán | zwischen Monteverde und Tilarán | Tel. 26 93 84 41 | www.coopeldos.com

Ecocentro Danaus C2

Eine anderthalbstündige Tour führt durch das private Naturschutzgebiet mit Wasserquellen und einer artenreichen Tierwelt (u. a. mehr als 150 Vogelarten, Faultiere, Kaimane und Frösche) sowie üppigem Bestand an Orchideen, Bromelien, Palmen und Helokonien. An diversen Futterplätzen wurden Bänke aufgestellt, sodass man bequem auch ansonsten eher seltene Vögel sehen kann. In einer Zuchtstation für Schmetterlinge können Dutzende von Arten betrachtet werden.

Nach Sonnenuntergang wird eine eigene Tour angeboten, bei der die Guides auf die zahlreichen nachtaktiven Tiere, vor allem Amphibien und Reptilien, aufmerksam machen. Das kleine engagierte Zentrum ist zudem Sitz der Organisationen Asociación Conservacionista und OJOCHE, die Aktivitäten für die Umwelterziehung von Kindern und Jugendlichen entwickeln und durchführen.

La Fortuna | an der Straße nach Agua Azul | www.ecocentrodanaus.com | Mo–Sa 7.30–17, So 9–15.30 Uhr, Nachttour tgl. 17.30 Uhr | 16 US-$

Pura Vida Travel ▶ Klappe hinten, westl. a 1

Kompetent und umweltpolitisch engagiert organisiert man hier alles vom Mietwagen bis zur kompletten Rundreise. Im Angebot sind auch zahlreiche ausgesuchte, der Nachhaltigkeit verpflichtete Lodges wie die Selva Bananito Ecolodge (▶ S. 35) oder die La Anita Rainforest Ranch und Reisen abseits der bekannten Routen. Bei allen Partnern wird auf Zertifizierung geachtet sowie darauf, dass diese einen umwelt- und sozialverträglichen Tourismus anstreben. Für Flugreisende bietet der Inhaber von Pura Vida Travel, Ulrich Roth, ausschließlich CO_2-neutrale Reisen nach Costa Rica an. Das bedeutet, dass die Flugkompensationsgebühr bereits im Reisepreis integriert ist. Pura Vida Travel unterstützt damit das Ziel Costa Ricas, bis zum Jahr 2021 CO_2-neutral zu werden.

San José | Calle 36/Av. 5–7, La Merced | Tel. 22 56 65 00 (in D: 0 74 42/6 09 33 79) | www.puravida.travel/de

Der Biologe Jonathan erklärt aufmerksam lauschenden Kindern im Ecocentro Danaus (▶ S. 36) Wissenswertes und Spannendes über die vielfältigen Pflanzen im Regenwald.

EINKAUFEN

Farbenprächtige Handarbeiten, ausdrucksstarke Webereien, Keramikgefäße, Korbflechtarbeiten und Hängematten zum Träumen werden ebenso angeboten wie Schnitzereien, bestickte Kleidung und bunt bedruckte T-Shirts mit Motiven aus dem Regenwald. Kaffee ist ein Muss!

Traditionelles Kunsthandwerk vermisste man lange Zeit in Costa Rica. Erst in den letzten Jahren entstanden in den von Touristen stark besuchten Orten Boutiquen und Galerien, die Fundgruben sind für das reiche kunsthandwerkliche Schaffen in Mittelamerika. Einige der schönsten und sicherlich auch wertvollsten Mitbringsel stammten und stammen von indigenen Gruppen aus Panama und Guatemala.

INDIGENES KUNSTHANDWERK

Aus Mexiko kommen hübsche und originelle Produkte wie die handgefertigten und von Hand bemalten Talavera-Kacheln und traditionelle Majolika-Keramik, handgeschöpftes Papier und Silberschmuck, bei dessen Kauf Sie allerdings auf den kleinen »925«-Stempel achten sollten.

◀ Hauptsache farbenfroh: kräftig bunte Stoffe, die garantiert Laune machen!

Groß ist die Auswahl an Webarbeiten: Ponchos und weiße, üppig bestickte Baumwollblusen, sogenannte »huipiles«, auf altertümlichen Webstühlen hergestellte Schals (»rebozos«) und Tischdecken in allen Größen und Farben. Naiv und herrlich altmodisch aussehende Plüschtiere oder weite Hippiehosen und aus Stoffresten zusammengenähte Reisetaschen gibt es mittlerweile überall zu kaufen.

PLAZA DE LA CULTURA IN SAN JOSÉ

Im Herzen von San José, auf der Plaza de la Cultura, findet täglich ein großer Markt mit Angeboten an Kunsthandwerk und Webarbeiten aus Guatemala, Mexiko und Panama statt. Selbst wenn man nichts kaufen will, ist man fasziniert vom gewaltigen Angebot und der lebhaften Atmosphäre.
Aus dem Hochland von Guatemala stammen viele der Verkäuferinnen, Indigena-Frauen mit ihren Kindern, die nach wie vor die Trachten ihres jeweiligen, Stammes tragen und von ihrem Heimatland nach Costa Rica gekommen sind. Schnell kommt man mit den Frauen an den kleinen Ständen ins Gespräch, auch wenn man kaum Spanisch spricht, kann man sich verständigen, und es bleibt selten beim Betrachten der vielen zur Schau gestellten Produkte. Die Preise sind prinzipiell keine Fixpreise, sondern im gegenseitigen Einverständnis frei verhandelbar. Am besten ist es, wenn man sich bereits vor einem beabsichtigten Kauf ein wenig über die Preise informiert hat, etwa indem man in entsprechenden Geschäften war oder Erkundigungen bei mehreren Verkäuferinnen eingezogen hat. Stets daran denken sollte man beim Feilschen, dass die Waren insgesamt recht billig sind und man sich lieber mit den Verkäuferinnen über eine etwas teurer erworbene Bluse freuen sollte, als um jeden Cent zu feilschen.

LOKALE SOUVENIRS

Will man hingegen einheimisches Kunsthandwerk erwerben, ist die Auswahl recht gering. Neben vielen billig hergestellten Produkten für den Touristenmarkt gibt es allerdings auch Beispiele authentischen Kunstschaffens. Die farbenprächtigen **Ochsenkarren** werden heute vorwiegend in der Kleinstadt Sarchí gefertigt. Ochsenkarren im Miniaturformat passen in jedes Gepäck und sind typisch für Costa Rica. Authentisch, jedoch meist zu schwer und sperrig sind die auf der Nicoya-Halbinsel nach präkolumbischen Vorbildern gefertigten **Keramikgefäße**.

In Costa Rica muss man **Kaffee** kaufen, nicht nur, weil die im Lande erhältliche Qualität sehr gut ist, wenn auch gewöhnlich teurer als hierzulande, sondern auch weil es so viele verschiedene Sorten gibt, die darüber hinaus auch noch aufwendig und fantasievoll verpackt sind. In zahlreichen Läden gibt es zudem Kaffeelikör sowie Dutzende von Rumsorten, die teils aus Costa Rica, aber auch von den karibischen Inseln und aus Mexiko stammen. Auch **Gewürze** wie Pfeffer, Zimt und Chilischoten kann man schön verpackt erwerben.

BESONDERE EMPFEHLUNGEN

GESCHENKE

Biesanz Woodworks D3

Die Königin von Spanien und Bill Clinton besitzen seine schlichten Holzkästchen: Seit 1972 entstehen in der Werkstatt von Barry Biesanz Holzarbeiten von genialer Schlichtheit und Ästhetik. Vorbild sind die Arbeiten der Shaker-Religionsgemeinschaft, daneben holt sich der Künstler Inspiration von japanischen Handwerkern. Selbstverständlich wird ausschließlich Tropenholz aus Plantagenwirtschaft verwendet. Und wenn es nicht gleich das hochwertige Schmuckkästchen sein soll: Die preisgünstigsten Stücke aus der Biesanz-Kollektion sind Holzkämme.

Escazú (westl. von San José) | Calle El Pedrero 33 (ab Calle 110) | Tel. 22 89 43 37 | www.biesanz.com | Mo–Fr 8–17, Sa 9–15 Uhr

CASEM C2

Bei einem »café con leche« die Einkaufsliste checken: Umgeben von den Regen- und Nebelwaldgebieten in Monteverde trifft man sich hier, um das bunte Angebot von Kunsthandwerk, T-Shirts, Büchern und CDs (Weltmusik, Stimmen des Regenwaldes und meditative Klänge) zu begutachten. CASEM steht für eine im Land bekannte Erfolgsgeschichte, hinter der ausschließlich Frauen stecken. Gegründet wurde das Non-Profit-Unternehmen im Jahre 1982 mit kaum mehr als einer Handvoll Mitarbeiterinnen. Heute beschäftigt die Cooperativa de Artesanas de Santa Elena y Monteverde mehr als 150 Frauen, die für das Unternehmen fertigen.

Monteverde | Ctra. Santa Elena a Monteverde km 3 | Tel. 26 45 51 90 | www.casemcoop.blogspot.de | Mo–Sa 8–17, So 10–16 Uhr

MÄRKTE

Mercado Central ▶ Klappe hinten, b 3

Saftige, überreife Mangos und zuckersüße Ananas, frisch gepresster Orangensaft und getrocknete Kräuter, die jedes Wehwehchen heilen sollen; es riecht nach frisch gemahlenem Kaffee und nach exotischen Gewürzen. Hierher kommen auswärtige Besucher nicht in erster Linie wegen der Einkaufsmöglichkeiten, sondern wegen der lebhaften, typisch lateinamerikanischen Stimmung. An kleinen Gassen liegen »sodas«, die landestypischen Lokale, die man für ein günstiges Essen (top: die Gerichte mit stets fangfrischem Fisch) oder einen schnellen

»café con leche« besuchen kann. Hin und wieder entdeckt man Stände, die sich an Touristen richten und außer T-Shirts auch Kunstgewerbe anbieten. Die Händler sind freundlich, und selbst wenn man nur fotografieren mag (vorher fragen), heißt es: »si, claro, señor«.
San José | Barrio La Merced, zwischen Av. Central-1 und Calles 6–8 | Mo–Sa 6–18 Uhr

MODE

J. Lang Atelier & Showroom D3

Kräftige Farben und ein goldener Reißverschluss mit Monogramm sind die Erkennungszeichen der von Jennifer Lang in ihrer neuen Heimat designten Ledertaschen, die bereits in der »Vogue« und anderen Modemagazinen als »Must-have« vorgestellt wurden. Jede Saison gibt es eine neue Kollektion.
Escazú (westl. von San José) | Casa Torreón, Calle Antigua de Piedra | Tel. 25 88 16 09 | www.jlangstore.com | Mo–Sa 9–18 Uhr

SPORTARTIKEL

W.O.W. Surfshop C3

Von Boards der Marke Cobian bis zu Zinca: Der älteste und größte Surfladen im Land ist ein Paradies für Wellenreiter. Er wurde vor mehr als 25 Jahren vom surfbegeisterten Chuck Williams gegründet, der ihn heute gemeinsam mit seinem Sohn betreibt. Auch Vermietung und Surfunterricht.
Playa Jacó | Av. Pastor Díaz | Tel. 26 43 38 44 | www.wowsurf.com | Mo–Sa 8–20, So 8–18 Uhr

Weitere Geschäfte und Märkte finden Sie im Kapitel COSTA RICA ERKUNDEN.

Der lebhafte Mercado Central (▶ S. 40) in San José ist ein intensiv riechendes, brodelndes, spannendes Einkaufsparadies, nicht nur für Gemüse- und Obstliebhaber.

SPORT UND STRÄNDE

Ob Pazifik- oder Karibikküste: Die Wassersportvergnügen sind paradiesisch, doch typische Sportarten für Costa Rica sind Wandern im Nationalpark und an Ziplines durch den Regenwald rauschen – Abenteuer, die jeder einmal probieren muss!

»Life is a beach« – der Surferspruch gilt auch für Costa Rica, wo sich an der Playa Jacó, Playa Tamarindo und Playa Sámara die Wellenreiter treffen. Tauchen und Schnorcheln, Schwimmen und Sonnenbaden sind weitere Vergnügen, denen man das ganze Jahr über bei tropischen Temperaturen frönen kann.

SPORTLICH ÜBER UND UNTER WASSER

Vorsicht ist allerdings geboten wegen der mitunter auftretenden Unterwasserströmungen. Entsprechende Flaggenmarkierungen (rot bedeutet höchste Gefahrenstufe und sollte davon abhalten, überhaupt ins Wasser zu gehen) weisen darauf hin. In den von Touristen besuchten Badeorten kann überall die entsprechende Wassersportausrüstung geliehen werden bzw. die jeweilige Sportart erlernt werden.

◀ Malpais auf der Halbinsel Nicoya ist bei Surfern und Paddlern sehr beliebt.

Doch früher oder später zieht es jeden in den Dschungel. Zum Bird- oder Wildlife Watching, wie es heißt, dem Beobachten von tropischen Vögeln und anderen Tieren, sucht man die vielen Nationalparks und Schutzgebiete auf. Längst ist es nicht mehr damit getan, dort nur die Wege zu durchstreifen und auf Wanderungen die Regenwälder zu erkunden.

SPASS AN DER ZIPLINE

In Costa Rica, so heißt es, wurde das Canopy, das gesicherte Gleiten durch und über den Baumkronen an einem Stahlseil, erfunden. Hierbei können mitunter rasante Geschwindigkeiten erzielt werden, und selbst wer eher unsportlich ist, kann das Abenteuer an der sogenannten Zipline genießen. Auch auf Hängebrücken kann man heute durch den Urwald wandern, und bei einer Fahrt mit einer Aerial Tram, einer offenen Stahlkabine, die Platz für mehrere Personen bietet und durch die oberen Etagen des Regenwaldes gleitet, ergeben sich neue, spannende Eindrücke bei der Naturbeobachtung.

GOLFEN

Vom Top-Architekten Arnold Palmer gestaltete 18-Loch-Anlage mit spektakulärem Ausblick auf das Meer bis zu unbekannten 9-Loch-Anlagen: Golfern bietet Costa Rica rund ein Dutzend Greens, die Hälfte davon liegt an der nordwestlichen Pazifikküste, einige davon am Meer. Eine Übersicht über die Plätze und Clubs findet man bei www.costaricagolf.com

ZENTRALES HOCHLAND:

Cariari Country Club D3

Der bereits 1974 geschaffene 18-Loch-Platz ist auch für anspruchsvolle Spieler die richtige Wahl.

Belén, Heredia | Tel. 22 93 32 11 | www.clubcariari.com | Mo–Sa 6–21, So 6–18 Uhr | Greenfee 12 US-$

PAZIFIKKÜSTE:

La Iguana Golf Course C3

Los Sueños Marriott Ocean & Golf Resort | Herradura, 800 m westl. des Ortseingangs | Tel. 26 30 91 51 | www.golflaiguana.com | tgl. 6–18 Uhr | 18-Loch-Platz | Greenfee 150 US-$

NICOYA-HALBINSEL:

Tango Mar Golf Club B3

Tango Mar Beach & Golf Resort | Tambor, Ctra. Cobano | Tel. 26 83 00 01 | www.tangomar.com | tgl. 7–17 Uhr | 9-Loch-Platz | Greenfee 20 US-$

HOCHSEEANGELN

An der Karibikküste gibt es zahlreiche auf Hochseeangeln spezialisierte Fishing Lodges, d. h. Hotels mit Vollpension und täglicher Angeltour. Ein

Schwerpunkt ist dort Barra del Colorado, das nur mit dem Boot oder Kleinflugzeug zu erreichen ist. Hier fängt man Makrelen, Hechte, Barracudas. Alle Lodges bieten sogenannte Packages, 3–4 Nächte oder eine Woche alles inklusive, auch Angeltörns und Flug ab San José.

An der Pazifikküste fängt man Marlin (Speerfisch), Zacken- und Wolfsbarsch, Schnapper und Segelfisch (»pez vela«). In Puntarenas, Quepos, Golfito und Puerto Jiménez werden Angelausflüge angeboten.

KARIBIKKÜSTE:

Río Colorado Lodge E1

Die Packages der luxuriösen Lodge enthalten den Flug von San José. Wer selbst anreisen möchte: Die siebenstündige Anreise mit Bus und Boot kostet rund 20 US-$.

Río Colorado | Tel. 22 32 40 63 | www.riocoloradolodge.com | 18 Zimmer | €€€€

Tortuguero Sport Fishing E2

Der lokale Anbieter für Angeltörns empfiehlt eine geeignete Unterkunft.

Tortuguero | Tel. 27 09 81 15 | www.tortugerosportfish.com

PAZIFIKKÜSTE:

Crocodile Bay Resort E5

Hier fischt man u.a. Dorade, Marlin und Thunfisch.

Puerto Jiménez, Halbinsel Osa | Airport Road | Tel. 27 35 56 31 | www.crocodilebay.com | 44 Zimmer | €€€

Jacó Tours & Sport Fishing C3

Jacó, Calle Principal | Tel. 88 38 34 55 | www.jacotourssportfishing.com

PARASAILING

In den Touristenorten der Pazifikküste wird von großen Hotels, Reiseveranstaltern und Anbietern am Strand Parasailing oder Paragliding angeboten. Mit einem von einem Boot gezogenen Gleitschirm segelt man bis zu 200 m über dem Meer – eine ziemlich gefahrlose und adrenalinsteigernde Angelegenheit, die nur wenige Minuten dauert und den richtigen Überblick bringt – nur schwindelfrei sollte man besser sein.

Aguas Azules Parasailing D4

Mit Abholung vom Hotel.

Manuel Antonio, Playa Espadilla | Tel. 27 77 91 92 | www.costaricaparasailing.com

REITEN

Neben diversen Lodges, die für ihre Gäste Pferde bereithalten und Ausritte anbieten, gibt es auch zahlreiche individuell geführte Reitställe. Da deren Qualität beträchtlich variieren kann, sollte man sich vorher die Pferde ansehen und nur, wenn diese einen gesunden und wohlgenährten Eindruck machen, auch buchen.

Sabine's Smiling Horses C2

Santa Elena | 2 km an der Ctra. a San José, 1 km unterhalb des Friedhofs | Tel. 26 45 68 94 | www.horseback-riding-tour.com | Touren von 2 Stunden (Campesino Ride 45 US-$) bis zu 10 Tagen

STAND UP PADDLING

Diese relativ neue, immer beliebter werdende Sportart können Sie jetzt in Costa Rica, z. B. auf der Nicoya-Halbinsel, erlernen. Die Unabhängigkeit von Wind und Wellen ist ein großes Plus dieser Sportart.

Freedom Riding Surf Shop & SUP Center B3

Der alteingesessene Laden für Surfbretter bietet jetzt auch Unterricht in der nicht immer einfachen Kunst, das Stand up Paddling zu erlernen. Andy und seine Frau Edith freuen sich auf neue, wagemutige Schüler und versprechen, dass auch unsportliche Naturen binnen Kurzem beachtliche Erfolge erzielen können.

Malpais, Halbinsel Nicoya | Calle Principal (Ende) | Tel. 26 40 05 81 | Mo–Sa 9–18, So 9–12 Uhr

SURFEN

Surfen lässt sich an beiden Küsten. An der Karibikküste sind Surfwellen weniger häufig (meist im Winter) und deutlich kürzer als am Pazifik. Surfer treffen sich in Cahuita und Puerto Viejo de Talamanca, dort ist die Stimmung gut, und die Wellen sind im Dezember und Januar am höchsten.

Die nordwestliche Pazifikküste zieht Surfer aus aller Welt an, besonders die Westküste der Nicoya-Halbinsel. Dort kann man zwischen Juni und September (Regenzeit) mit 3 m hohen Surfwellen rechnen, im Winter (Trockenzeit) sind sie kleiner. Playa Naranjo ist im Frühjahr ideal für Surfer. Tamarindo, Zentrum des Wellenreitens, bietet an der 5 km langen Playa Grande für Surfer paradiesische Bedingungen. Südlich von Tamarindo sind die Surfbedingungen auch an der Playa Nosara, Playa Sámara und Manzanillo sehr gut.

Surf Camps finden sich an vielen Orten der Pazifikküste. Del Mar Surf Camp bietet in Jacó (Playa Hermosa) und in Nosara (Playa Guiones) ein Women's Only Surf Camp an.

Del Mar Surf Camp A3

Nosara | Playa Guiones | Casa Romántica, Nordende der Playa Guiones | Tel. 26 82 14 33 | www.delmarsurfcamp.com

Im Mai ist es ruhiger und preiswerter als in den Sommermonaten, und die Regenzeit beginnt gerade erst.

TAUCHEN

Costa Rica ist kein Tauchparadies. Die Sichtweiten sind gering, Korallenformationen und Unterwasserriffs sind selten, doch sind die Wassertemperaturen mit 25 bis 30 Grad angenehm. An der nordwestlichen Pazifikküste ziehen die Isla Catalina und Punta Gorda, 5 km westlich von Playa Ocotal, Taucher an. An der Karibikküste stößt man bei Cahuita auf lebende Korallen, doch hat ein Hurrikan vor einigen Jahren viele von ihnen zerstört.

Deep Blue Diving A2

Oliver und Franziska Blömeke sind gelernte PADI-Tauchlehrer.

Playas del Coco | Calle Principal, gegenüber der Farmacia Cocos | Tel. 26 70 10 04 | www.deepblue-diving.com

ULTRALEICHT-FLIEGEN

Dieses luftige Erlebnis ist auch in Costa Rica möglich. An der südlichen Pazifikküste bietet Fly Adventure Costa Rica diverse Flüge an, darunter einen

Ticos und Fußball 1

Costa Ricaner lieben Fußball! Zuschauer sind hoch willkommen, ob am Fußballplatz oder am Strand beim Spiel in den Sonnenuntergang hinein. Spaß garantiert (▶ S. 12)!

Flug über den Parque Nacional Marino Ballena mit seinen Mangroven.

Fly Adventure Costa Rica E4

Punta Uvita | Papa Kino Airstrip | Costanera Sur km 163, 450 m nördl. des Eingangs zum Marino Ballena Nationalpark | Tel. 27 43 80 37 | www.flyadventurecr.com | einstündiger Flug über den Nationalpark 235 US-$

WANDERN IM NATIONALPARK

Viele der costa-ricanischen Naturschutzgebiete unterhalten Wanderwege und -pfade, die für zahlende Besucher zugänglich sind. Die Preise liegen zwischen 5 und 15 US-$. Einige Parkverwaltungen bieten »night trails« oder Wanderungen am frühen Abend in der Dämmerung an. Empfehlenswert ist stets, mit einem Guide unterwegs zu sein; zum einen, weil damit Arbeitsplätze geschaffen werden, zum anderen profitiert man enorm davon, weil die Guides auf die im dichten Blätterwald versteckten Tiere hinweisen, die man selbst nicht entdecken kann, und dabei meist unterhaltsam über das Ökosystem Regenwald zu erzählen wissen. Für Besucher, die zum ersten Mal in einem Nationalpark unterwegs sind, ist der Nationalpark Cahuita besonders geeignet. Der gut unterhaltene Hauptweg führt nahe der Küste entlang durch den Dschungel; man begegnet immer wieder Affen und Waschbären, sieht seltene Schmetterlinge und Vögel. Der Nationalpark Manuel Antonio ist besonders bei US-Touristen beliebt, was dazu führt, dass große Gruppen die Tiere vertreiben. Das Schutzgebiet Refugio de Vida Silvestre Curi-Cancha in Monteverde hat engagierte Guides und bietet sechs Trails von 400 m bis 2,2 km Länge, es gibt auch Nachtwanderungen (»caminata nocturna«).

Refugio de Silvestre Curi-Cancha C2

Monteverde | Ctra. Santa Elena a Monteverde, Abzweig bei der Monteverde Cheese Factory | Tel. 26 45 69 15 | www.reservacuricancha.com | tgl. 7–16, 17.30–19.30 Uhr

WILDWASSER-RAFTING

Mehrere Veranstalter führen Fahrten auf Gummiflößen auf den Flüssen Costa Ricas, darunter Pacuare, Reventazón, Sarapiqui und Narajo durch. Die Fahrten werden auch für drei bis vier Tage mit Übernachtung in Zelten am Flussufer angeboten.

Ríos Tropicales E2/3

El Cairo de Siquirres | Tel. 22 33 64 55 | www.riostropicales.com | Eintagestour auf dem Río Pacuare, 30 km zwischen San Martin und Siquirres, 99 US-$

WIND- UND KITESURFEN

Die Laguna de Arenal ist bekannt bei Wind- und Kitesurfern aus aller Welt. Eine Lücke zwischen den Bergen garantiert stete Brisen. Zwischen Dezember und April ist Hochsaison, weil dann besonders starke Winde wehen. Mit einer Wassertemperatur des Arenalsees unter 20 Grad muss das ganze Jahr über gerechnet werden.

Tico Wind B2

Laguna de Arenal | Ctra. Tilarán a Arenal, auf einer Halbinsel am nordwestlichen Seeufer | Tel. 26 92 20 02 | www.ticowind.com

Das Privatreservat Selva Bananito Ecolodge (▶ S. 35) bietet ein vielfältiges Natur- und Abenteuerangebot wie Canopy mit Abseilen von einem riesigen Baum im Regenwald.

ZIPLINES UND WALKWAYS

Es gibt kaum Altersbeschränkungen, vorausgesetzt, man ist gesund. Die Geschwindigkeit, mit der man hoch in der Luft über die Baumkronen der Regenwälder gleitet, ist ein nicht unerheblicher Spaß-Faktor. Dabei kann man durchaus auch viel lernen über das einzigartige Ökosystem Costa-Ricas. Die Hängeseile, in die man in einer Tragevorrichtung eingehängt wird, heißen in Costa Rica Zipline oder Canopy (engl. Baumkrone), weil sie ursprünglich durch bzw. über Baumkronen führten. Mittlerweile erleben die Ziplines einen Boom, und man findet diese überall im Land, sodass man auch über Wasserfälle und über Flüsse schweben kann. Besonders verbreitet sind diese in der Region Monteverde, wo man Costa Ricas beliebtesten Sport auch in den 1970er-Jahren erfand. Neben den Ziplines gibt es auch Systeme von Hängebrücken, die im Bereich der Baumkronen durch die Regenwälder führen, sogenannte Canopy Tours oder Trails.

Rainmaker Aerial Walkway D4

Die River Walk and Canopy Bridge Tour führt Hunderte von Metern über

abenteuerlich erscheinende (von Ingenieuren sicher konstruierte) Hängebrücken hoch über den Baumkronen.
San Rafael Norte | Costanera Sur, 22 km nördl. von Quepos, Abzweig 10 km südl. Parrita (7 km) | Tel. 27 77 35 65 | www.rainmakercostarica.org

Wollen Sie's wagen?

Canopy (»Baumkrone«) oder Zipline heißen die Seilrutschen, die für Spaß und Action stehen. Beim Gleiten über eine Schlucht, einen Wasserfall oder durch die Baumkronen des Regenwaldes erlebt man wie Tarzan die Natur. Im Adventure Park und Hotel (▶ S. 120) 30 km nordöstlich von Puntarenas beispielsweise kann man auch als unsportlicher Besucher das Abenteuer genießen.
Tajo Alto, Miramar | Tel. 26 39 83 03 | www.adventureparkcostarica.com

Selvatura Canopy Tours C2

Einzigartig: Ziplines und Hängebrücken, die mitten durch das Herz des Nebelwaldes von Monteverde führen. Eine Tour über 18 Plattformen und 15 Seile dauert mit Einweisung 2,5 bis drei Stunden.
Santa Elena | 5 km nordöstl. an der Straße zum Cloud Forest Reserve | Tel. 26 45 59 29 | tgl. 7–16 Uhr | 45 US-$, Kinder 30 US-$

STRÄNDE

Hunderte von Kilometern Strand – Costa Rica besitzt eine lange Pazifik- und eine kurze Karibikküste. Die schönsten Strände liegen an der Halbinsel Nicoya, allesamt feinsandig, beschattet mit Palmen, die Farbe des Sandes reicht von hellem Beige bis zu Grau-Braun. Dunkelgrau ist der Strand von Jacó an der Pazifikküste, ein ungewöhnlicher Kontrast zum Blau des Meeres und dem Grün der Palmen. Schon aus diesem Grund will man hier einmal gebadet haben.

NICOYA-HALBINSEL:

Playa del Coco A2

Der hufeisenförmige Strand der Bahía el Coco, rund 35 km westlich von Liberia, schließt südlich an Hermosa an. Da er leicht zu erreichen ist, herrscht hier am Wochenende viel Betrieb. Der palmengesäumte Strand des Fischerdorfes zieht vor allem junge Leute an.

Playa Flamingo A2

Weiß und feinsandig erstreckt sich die Playa Flamingo an der Westküste der Nicoya-Halbinsel und ist gesäumt von Ferienhäusern wohlhabender Ticos wie von diversen Hotels.

Playa Hermosa A2

An der Westküste der Nicoya-Halbinsel liegt zwischen Punta Ballena und Punta Cacique nördlich der Bahía el Coco der 2 km lange, graue halbmondförmige Sandstrand der gleichnamigen Ortschaft. Am südlichen Ende ist es ländlich, im Norden treffen sich Surfer.

Playa Ocotal A2

3,5 km südwestlich der Bahía el Coco lockt der 500 m lange Strand des kleinen und ruhigen Fischerdorfes Ocotal viele Taucher an; auch Schnorchler kommen auf ihre Kosten, und Kajak-Touren werden angeboten.

1 Playa Sámara A3

Ein breiter, feinsandiger Pazifikstrand, umgeben von Strandhotels mittlerer Preisklasse und netten Restaurants, ist Lieblingsziel von Ticos und Touristen – für viele der Traumstrand schlechthin.

Vom Yoga bei Sonnenaufgang zu Bootstouren und Reitausflügen locken zahlreiche Aktivitäten.

Playa Tamarindo A2

Der beliebteste Badeort der Nicoya-Halbinsel, mit eigenem Regionalflughafen, Party-Spot und Surftreff, verfügt über einen 2 km langen, von Bäumen und Palmen gesäumten Strand, am nördlichen Ende begrenzt vom Río Matapalo und einem Naturschutzgebiet; nördlich des Flusses liegt die beliebte lange Playa Grande.

KARIBIKKÜSTE:

Puerto Viejo de Talamanca F3

Den palmengesäumten, naturbelassenen Strand der Ortschaft an der südliche Karibikküste bevölkert eine alternative multikulturelle Szene; nach Sonnenuntergang startet man mit Bob Marley und Rum-Cocktails zum Warm-up für die langen Nächte.

SÜDLICHE PAZIFIKKÜSTE:

Manuel Antonio D4

Die Strände von Costa Ricas beliebtestem und kleinstem Nationalpark teilt man stets mit vielen anderen Besuchern; Familien mit kleinen Kindern wie junge Leute finden das herrlich und genießen Wellen und leckere Kokosnussdrinks, manchmal sogar im Anschluss an einen Rundgang durch den Regenwald.

Die Playa Flamingo (▶ S. 48) auf der Halbinsel Nicoya in der Provinz Guanacaste: Weißer Sand und blaues Meer ziehen Ticos und Touristen gleichermaßen an.

FESTE FEIERN

Religion und ausgelassene Feste passen für die gläubigen Ticos gut zusammen, und viele der beliebtesten Veranstaltungen sind katholisch geprägt. Daneben locken typisch costa-ricanische Feste, bei denen Besucher stets willkommen sind.

Für die Menschen in Costa Rica sind die vielen Volksfeste und kulturellen Events der Höhepunkt in einem ansonsten eher gleichförmigen Alltag. Jede Landesregion, jedes Dorf kennt und verehrt seinen Schutzheiligen, um dessen Beistand und Schutz zusätzlich zur täglichen Verehrung im Gebet einmal im Jahr in besonderer Weise gebeten wird, nämlich bei üppigen Patronatsfeiern.

Vor allem die Heilige Jungfrau Maria wird geliebt und angebetet, ist sie doch die **Schutzheilige** des ganzen Landes. Sie soll sich einer indigenen Frau aus Liebe und Mitgefühl in dunkler Hautfarbe gezeigt haben und wird deshalb **La Negrita** genannt. Am 2. August ist der Tag der Heiligen Jungfrau, der Virgen de los Ángeles. An diesem Tag im Jahr 1635, so die Legende, fand ein junges Mädchen in Cartago beim Suchen nach Feuerholz die kleine Figur der Schwarzen Madonna auf einem Felsen. Das

◀ Parade zum Nationalfeiertag (Unabhängigkeitstag, ▶ S. 52) in Liberia.

Mädchen nahm die Figur mit nach Hause, doch sie verschwand. Das Mädchen kehrte zur Fundstelle am Felsen zurück und fand dort die Statue wieder. Dieses Ereignis wiederholte sich dreimal, bis die Kirche darauf aufmerksam wurde. Noch heute pilgern gläubige Katholiken an diesem Tag von San José zur Basílica de Nuestra Señora de los Ángeles in Cartago (22 km); viele von ihnen lassen es sich nicht nehmen, den letzten Teil der Strecke auf Knien zurückzulegen.

MUSIK UND GUTES ESSEN GEHÖREN DAZU

Bei den meisten Festen aber gilt: Ohne Musik kein richtiges Fest! Diese Auffassung der Ticos sorgt für ausgelassene Stimmung, ebenso wie das Zelebrieren der kulinarischen Traditionen der jeweiligen Region. Eine besondere Bedeutung genießen auch Umzüge und Paraden, bei denen geschichtlicher Ereignisse gedacht wird.

MÄRZ

Feria Nacional de la Mascarada, Barva de Heredia

In der kleinen Stadt Barva, 20 km nördlich von San José, werden am Maskenfest Fabeltiere vorgeführt ebenso wie Karikaturen von Prominenten und Politikern. Umzüge und Tanzdarbietungen erfreuen die Zuschauer, an kleinen Ständen gibt es lokale Leckereien zu kaufen, und auch dem Bier wird reichlich zugesprochen.

Letzte Märzwoche

MÄRZ/APRIL

Semana Santa

Das bedeutendste Fest der Katholiken und auch Costa Ricas wird entsprechend ehrfürchtig, jedoch mit mittelamerikanischem Temperament begangen. Als Zuschauer kommt man von Gründonnerstag bis Ostersonntag in den Genuss von Prozessionen und Paraden. Szenen der Kreuzigung werden nachgespielt. Parallel dazu treffen sich die Ticos während der Feiertage traditionell an den Stränden oder gehen campen. Von Mitternacht des Aschermittwochs an bis zum Karfreitag wird landesweit kein Alkohol ausgeschenkt und verkauft.

Ostern

APRIL

Día de Juan Santamaría (Heldengedenktag)

Festtag mit Paraden, Musikkapellen, Konzerten und Tanz, Partys und Feuerwerk im Gedenken an Juan Santamaría, der im Kampf gegen den Eroberer William Walker 1856 zu Tode kam. Schwerpunkt der Feierlichkeiten ist Alajuela, wo aus dem Gedenktag eine Festivalwoche wird.

11. April

Festival Internacional de las Artes (FIA), San José
Auf öffentlichen Plätzen, im Theater, in Schulen und Sälen finden Theateraufführungen, Lesungen und künstlerische Darbietungen statt. Die ganze Stadt ist in Festtagslaune, es gibt viele Straßenstände mit kulinarischen Spezialitäten, und man trifft sich zum Tanzen und Feiern rund um die Uhr. Geschäfte locken mit Sonderangeboten.
10 Tage in der ersten Aprilhälfte

JULI

Fiesta de la Virgen del Mar, Puntarenas
Schauplatz ist das Meer, wenn Fischerboote und kleine Jachten festlich geschmückt sind und mit aufwendiger Beleuchtung nach Sonnenuntergang in den Hafen einlaufen. Man erbittet den Beistand und den Segen der Jungfrau und veranstaltet nebenbei Regatten und karnevalsähnliche Umzüge.
Am dem 16. Juli nächsten Samstag

Anexión de Guanacaste (Anschluss von Guanacaste)
Die Eingliederung von Guanacaste im Jahr 1824 (die Provinz gehörte zuvor zu Nicaragua) wird heute mit Umzügen und Maskenparaden, mitreißender Marimba-Musik und der Aufführung von Volkstänzen, Konzerten und Feuerwerk gefeiert – Schwerpunkt der festlichen Aktivitäten ist die Provinz Guanacaste.
25. Juli

AUGUST

Virgen de los Ángeles (Tag der Heiligen Jungfrau), Cartago
Der Tag der Heiligen Jungfrau Maria wird von vielen gläubigen Katholiken aus dem ganzen Land mit einer Wallfahrt und großen Prozessionen zur Basílica de Nuestra Señora de los Ángeles in Cartago begangen.
2. August

Asunción de la Virgen, Día de la Madre (Mariä Himmelfahrt, Muttertag)
Katholischer Feiertag zur Himmelfahrt der Jungfrau Maria, der heute landesweit als Muttertag und mit vielen Blumen und Süßigkeiten gefeiert wird.
15. August

SEPTEMBER

Día de la Independencia (Tag der Unabhängigkeit)
Im Jahre 1821 erklärte Guatemala die Unabhängigkeit aller mittelamerikanischen Staaten von Spanien, darunter fiel auch Costa Rica. Dem Ereignis wird heute mit prachtvollen Paraden und sportlichen Wettkämpfen gedacht. Menschen in traditioneller Tracht versammeln sich zu Ansprachen und zum Singen der costa-ricanischen Hymne.
15. September

OKTOBER

Día de las Culturas
Der Tag der Entdeckung von Amerika durch Cristobal Colón im Jahre 1492 wird im ganzen Land (und in weiteren lateinamerikanischen Staaten) als Día de la Raza, Tag der Vermischung der spanischen Eroberer mit Indigenen Lateinamerikas, gefeiert. In Puerto Limón an der Karibikküste, wo Kolumbus auf seiner vierten Reise zwei Wochen vor Anker lag, wird an diesem Tag ein lebhafter Straßenkarneval gefeiert.
12. Oktober

NOVEMBER

Día de los Muertos

Am 1. November (Todos Los Santos und Día de Fieles Difuntos, Allerheiligen) und 2. November (Día de los Muertos, Allerseelen) werden in allen Kirchen des Landes Messen abgehalten, Menschen besuchen die Friedhöfe, um die Grabstätten ihrer verstorbenen Angehörigen besonders schön zu schmücken und ihrer zu gedenken.

1. und 2. November

DEZEMBER

Inmaculada Concepción (Mariä Empfängnis)

Der katholische Gedenktag der unbefleckten Empfängnis der Jungfrau Maria wird im ganzen Land gefeiert; in Heredia zündet man ein Feuerwerk.

8. Dezember

Festival de la Luz, San José

Der Paseo Colón und die Avenida Segunda von San José werden zur Bühne, wenn sich das Zentrum der Stadt mit Anbruch der Dunkelheit in ein fantastisches Lichtermärchen verwandelt und Umzugswagen, Musikgruppen und Maskerade sowie Feuerwerk die Menschen erfreuen.

2. Samstag im Dezember
www.festivaldelaluz.cr

Navidad (Weihnachten)

Bereits Wochen vorher wird weihnachtlich dekoriert, und man bereitet sich mit Geschenken auf das Fest vor. »Tamales« (in Bananenblätter eingepackte Maisteigtaschen) dürfen als Festessen bei keinem Tico fehlen, ebenso wie ein Ausflug zum Strand.

25. Dezember

In der Semana Santa, der heiligen Osterwoche (▶ S. 51), werden in vielen Orten Passionsfestspiele aufgeführt oder Umzüge wie hier in Cartago veranstaltet.

MIT ALLEN SINNEN

Costa Rica spüren & erleben

Reisen – das bedeutet aufregende Gerüche und neue Geschmackserlebnisse, intensive Farben, unbekannte Klänge und unerwartete Einsichten; denn unterwegs ist Ihr Geist auf besondere Art und Weise geschärft. Also, lassen Sie sich mit unseren Empfehlungen auf das Leben vor Ort ein, fordern Sie Ihre Sinne heraus und erleben Sie Inspiration. Es wird Ihnen unter die Haut gehen!

◀ Im Tree Houses Hotel (▶ S. 55) übernachtet man mitten in der Wildnis.

ÜBERNACHTEN

Ein Bad über dem Pazifik E4

Süßes Nichtstun in einer paradiesischen Naturlage: Natürlich wird man auch im Meer schwimmen und an den zahlreichen, kaum besuchten Stränden sonnenbaden, doch die Lage des auf einem Hügel liegenden Hauses hoch über dem Pazifik verlockt dazu, gleich morgens in den Pool zu springen und den neuen Tag zu begrüßen, es sich nach dem Frühstück auf dem Bobachtungsdeck gemütlich zu machen und das Nichtstun zu genießen. Und wenn die Sonne als glutroter Ball über dem Meer untergeht, wird es Zeit für einen Sundowner, und die Vorfreude auf das offene Restaurant mit Blick in die üppige Regenwaldnatur steigt.

Hotel Lookout | Playa Tortuga, Ojochal | Ctra. 34, Costanera Sur | Tel. 27 86 50 74 | www.hotelcostarica.com | 12 Bungalows | €€€

Erlebnis-Wohnen im Baumhaus

Eine Übernachtung im Baumhaus? Wer träumt davon nicht! In Costa Rica wird der Kindheitstraum wahr. Gleich mehrere Adressen für gewagte Baumhäuser gibt es, unter anderem das Tree Houses Hotel in La Fortuna, wo man den Tieren der Region nahe kommt. Faultiere kann man sehen, Affen kommen auch mal zu Besuch, Tukane lärmen auf der Terrasse, Gürteltiere huschen am Boden entlang. Ein Traum für Naturliebhaber!

Die an der südlichen Karibikküste liegende Tree House Lodge hat auch Häuser am Strand und im Garten, aber das auf mehreren Ebenen angelegte Baumhaus mitsamt seinem Badezimmer mit Außendusche in einem Baumriesen ist besonders abenteuerlich!

Einsteiger, die auf ihren Geldbeutel schauen müssen, lieben das Tree House in Santa Clara, einfach und individuell, eins mit der Wildnis. Wer sich mehr Luxus gönnen will, bucht ein Baumhaus in Punta Uva.

– Tree Houses Hotel | Santa Clara | Ctra. La Fortuna al Volcán Arenal | 300 m nördl. des Friedhofs | Tel. 24 75 65 07 | www.treehouseshotelcostarica.com | 7 Baumhäuser | €€–€€€ C2

– Tree House Lodge | Punta Uva, 5 km südl. Puerto Viejo de Talamanca | Gandoca-Manzanillo Wildlife Refuge | Tel. 27 50 07 06 | www.costaricatreehouse.com | 5 Baumhäuser | €€€€ F3

Ruf der Wildnis D4

Jenseits von Afrika-Atmosphäre: Schlafen in luxuriösen Zelten, tagsüber auf Safari gehen, Whitewater Rafting genießen und zu Pferd die Umgebung erkunden und über das lodgeeigene Auswilderungsprojekt für in Gefangenschaft aufgewachsene Tapire lernen. Die südafrikanischen Besitzer schufen auf ihrem privaten Natur-

schutzgebiet ein Refugium, in dem man zu jeder Sekunde Costa Ricas einzigartige Natur mit allen Sinnen fühlen kann. Von der großen Veranda des eigenen Zeltes schaut man auf den Río Savegre und beobachtet die Tiere, abends duscht man mit beheiztem Quellwasser, und die Geräusche der mittelamerikanischen Nacht sind das Wiegenlied.
Rafiki Safari Lodge | Savegre | 30 km südl. von Quepos | Tel. 27 77 22 50 | www.rafikisafari.com | 10 Zelte | €€€–€€€€

ESSEN UND TRINKEN

Comida del Día in der Casa de los Mariscos

C3

Keine gestylte Atmosphäre, keine neureichen Jachtbesitzer, dafür jede Menge bodenständige Ticos, die dieses Fischrestaurant am Malecón seit mehr als zwei Jahrzehnten schätzen und sich mit Genuss den aufgetischten Fischspezialitäten widmen. Die Desserts sind hausgemacht und die Cocktails so lecker und günstig, dass es nicht bei einem bleibt.
La Casa de los Mariscos | Puntarenas | Paseo de los Turístas/Calle 7 | Tel. 26 61 16 66 | Mo–Sa 10–22 Uhr | €–€€

Pescado im Mercado Central

▶ Klappe hinten, b 3

Chicharrones, die knusprig gebratenen Schweineschwarten, sind nicht jedermanns Sache – die Ticos lieben schon deren Geruch und können die Dinger schon zum Frühstück verzehren. Allzu empfindlich sollte der Magen deshalb nicht sein, wenn man im Mercado Central essen will, doch köstlich sind die Fischgerichte. Dazu muss es einer der vielen tropischen Säfte sein. Da darf man dann ruhig mutig sein und bestellen, ohne zu wissen, um welche Früchte es sich genau handelt. Nehmen Sie Platz auf einem der bunten Holzstühle und ordern Sie am Tresen!
San José | Mercado Central | Barrio La Merced, Av. Central-1/Calles 6–8 | Mo–Sa 6–18 Uhr

AKTIVITÄTEN

Kanutour im Tortuguero National Park

Eine Tour durch die schmalen Flusskanäle des Nationalparks muss mit einem Kanu oder Ruderboot erfolgen, denn nur ohne Motor herrscht Ruhe. Man kann damit in alle Abzweigungen gelangen, damit auch Flussschildkröten und Flussotter, Kaimane und Vögel zum Erlebnis werden. Morgens, wenn der Tag erwacht, ist es besonders schön. Auf jeden Fall mit Führer, ohne ihn sieht man weniger.
Tortuguero Tours | Tortuguero Infocenter, Tortuguero Village | www.tortugueroinfo.tripod.com | 25 US-$ | 3 Std.

Tarzan im Nebelwald

C2

Zwar ist Tarzan ohne Sicherheitsseil und nur mit Lianen durch die Bäume geflogen, doch der Thrill des in Monteverde gebotenen Abenteurers ist gewaltig, eine der aufregendsten unter den vielen im Lande des Canopy gebotenen Zipline-Touren. »Tarzan Swing«, »Superman« oder ein »Bungee-Jump«: Gelegenheiten, das Adrenalin im Körper so richtig zu spüren, gibt es hier allemal. Das Besondere dieses Anbieters sind nicht nur die ausgewählten und mit Plattformen und Drahtseilen gesicherten Routen, die hoch im und über dem Urwald verlaufen und Adlerblicke erlauben, sondern auch die teilweise extreme Höhe.

Monteverde Extremo | Monteverde | Ctra. Santa Elena a Monteverde km 4 | Tel. 26 45 60 58 | www.monteverdextremo.com | tgl. 8–14 Uhr | ab 50 US-$

WELLNESS UND YOGA

Der Weg zum Glück E4

Einatmend fühle ich, dass ich einatme, ausatmend fühle ich, dass ich ausatme: Für Menschen, die stets viel Action brauchen, mag es verrückt klingen, dass diese Achtsamkeitsübung, die nur wenige Minuten dauert, einen solchen großen Wohlfühleffekt auslösen kann. Schon der Name dieses Zentrums verrät, dass man es hier ernst meint. Sat – heiliges Yoga heißt es in diesem Ashram, traumhaft schön gelegen in unberührter ländlicher Natur. Die Kurse werden von erfahrenen Fachleuten geleitet. Neben Asanas (Körperübungen) und Pranayama (Atemyoga) gibt es auch anspruchsvolle wie inspirierende Kurse über z. B. die Kunst, das eigene Ego weniger wichtig zu nehmen.

Sat Yoga Ashram & Spiritual Retreat Center | Arunachala, San Isidro de General | Tel. 22 88 32 94 | www.satyogainstitute.org

Mit Kopfstand und Schildkröte in den Tag C3

Den inneren Atem fühlen, die eigene Mitte genießen und das erhebende Gefühl von Glück und Zufriedenheit spüren: In einem weiten und offenen Yoga-Studio, wunderschön in einer palmblattgedeckten Palapa eingerichtet, finden die Hatha-Yogastunden statt. Tatsächlich ist Costa Rica Yoga-Land, an nur wenigen Orten außerhalb von Indien gibt es so viele Angebote für Yogakurse und -Retreats wie hier.

Amatierra Retreat & Wellness Center | Poró | Ctra. 27 Puriscal a Orotina km 17 | Tel. 24 19 01 10 | www.amatierra.com | 10 Casitas

Fruchtsaft ist das Getränk der Wahl in Costa Rica: Immer frisch gepresst aus voll ausgereiften Früchten ist er ein toller Frühstücksbegleiter, schmeckt aber auch im Cocktail.

Carrion

COSTA RICA ERKUNDEN

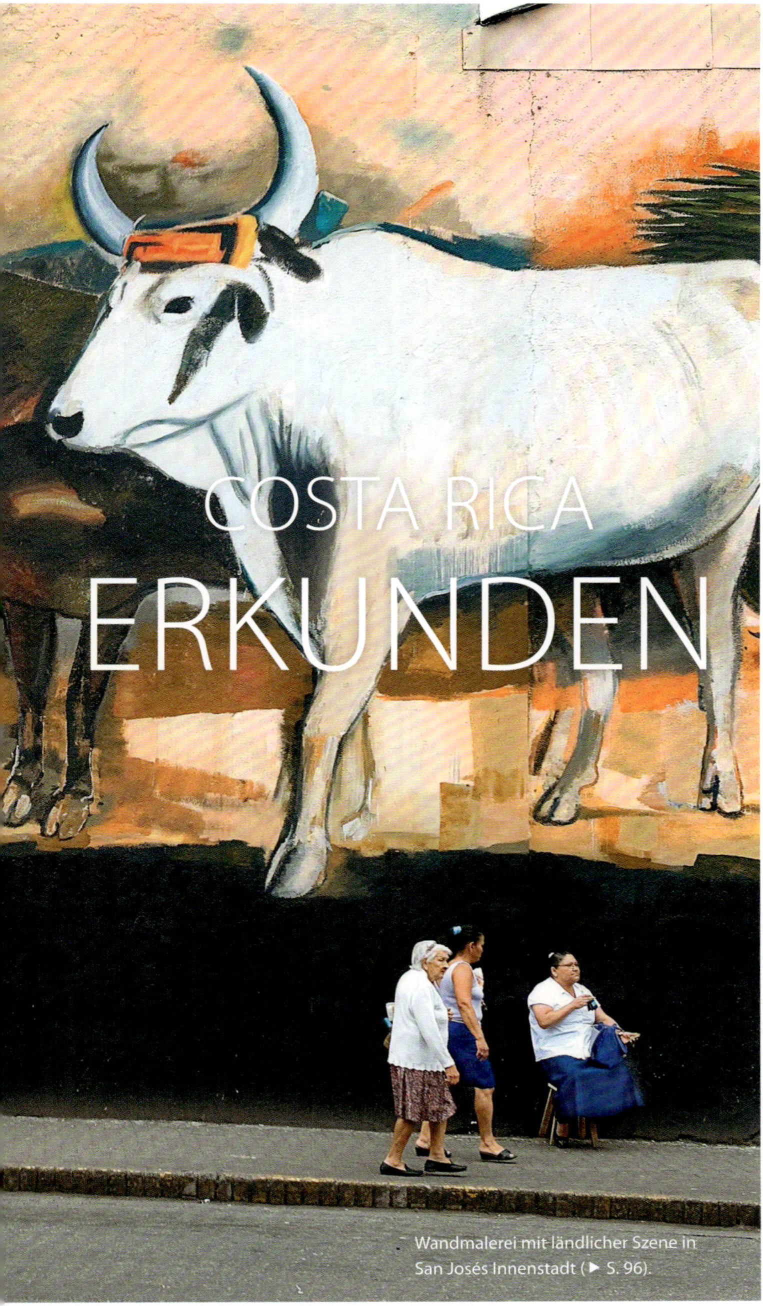

Wandmalerei mit ländlicher Szene in San Josés Innenstadt (► S. 96).

DER SONNIGE NORDWESTEN

Die Sonnenuntergänge sind sprichwörtlich. Die Sonne scheint länger als im Rest Costa Ricas, es regnet kaum, es gibt breite Sandstrände und kleine Buchten: Die Westküste der Nicoya-Halbinsel ist die am schnellsten wachsende touristische Region des Landes.

Costa Ricas Gold Coast (Costa Dorada) wird der Westen der Nicoya-Halbinsel genannt, seitdem die Region zunehmend bekannt wurde und Orte wie Malpais, Montezuma, Playa Sámara und Nosara zu den touristischen Hotspots gehören. Die touristische Entwicklung boomt hier wie nirgendwo sonst im Lande: eine Mischung aus breiten, feindsandigen Stränden, Surferkultur, Yoga-Retreats und ethnischen Restaurants.

SURFSPOTS UND URWÄLDER

Noch kann man hier Beschaulichkeit und Natur genießen, doch mit den bereits eröffneten Luxus- und All-inclusive-Resorts und den neu entstehenden Apartmentanlagen verändert sich die einst abgelegene Gegend von Tag zu Tag. Vom »National Geographic«-Magazin wurden Nosara und die benachbarten Strände zu den vier beste Surfspots weltweit ge-

◂ Typisch für den Nordwesten: der Nationalbaum Guanacaste und Weideland.

zählt, dazu kommen tropische Urwälder, die sich bis fast zur Küste erstrecken und die auf unzähligen Wegen erkundet werden können. Tatsächlich fasziniert besonders die große landschaftliche Vielfalt des Nordwestens: Die von zahlreichen kleinen und größeren Buchten und Steilküsten gegliederte Pazifikküste besitzt herrliche Sandstrände, einige wurden gar als Naturreservat ausgewiesen. Landeinwärts liegen gewaltige, nur zur Regenzeit grüne Savannen, auf denen Millionen von Rindern grasen. Zur Region gehört auch die über 100 km lange Halbinsel Nicoya, die durch den Golfo de Nicoya vom Festland getrennt wird. Hier liegen nicht nur breite, wenig berührte Strände, hier gibt es auch mehrere Nationalparks, und hier locken kleine, ursprünglich gebliebene Dörfer ebenso wie aufstrebende Badeorte und luxuriöse Hotels.

DER WILDE WESTEN COSTA RICAS

Im Glanz der Sonne: In Guanacaste startet die Regenzeit erst Ende Mai und endet im November – damit ist die Provinz die trockenste und sonnigste des Landes. Die Bevölkerung spricht mitunter scherzhaft von ihrer Provinz als Wildem Westen – tatsächlich ist diese Bezeichnung durchaus treffend. Ein weites Land unter weitem Himmel, die Heimat großer, aus indischen Zebus bestehender Viehherden und reitender Sabaneros, wie man hier die Cowboys nennt.

WECHSELVOLLE GESCHICHTE

Auch auf eine eigene, vom Rest des Landes unabhängige Geschichte können die Menschen sich hier berufen, ein weiteres Merkmal, das identitätsstiftend wirkt: Mit der Ankunft der Spanier gehörte Guanacaste zunächst zu Guatemala und wurde später Nicaragua angeschlossen. Erst 1812 erfolgte die Eingliederung in Costa Rica. Nach wie vor sind ein Teil der hier ansässigen Bevölkerung Nachkommen von dunkelhäutigen Chorotega, einer indigenen mittelamerikanischen Bevölkerungsgruppe. Sie hatten eine eigene Sprache, die leider ausgestorben ist.

LIBERIA B3

Stadtplan ▶ S. 63

58 000 Einwohner

Die direkt an der Panamericana, der »Traumstraße der Welt«, liegende Stadt bezaubert als beschauliches und gleichermaßen lebhaftes Zentrum des nördlichen Costa Rica. Reiterspiele, Viehauktionen und rustikale Volksfeste, die die Cowboykultur der Region würdigen, sind seit jeher die Attraktionen im Jahresablauf. Die übersichtlich im Schachbrettmuster angelegte Stadt mit ihren weiß getünchten Häusern – die Stadt wird auch Ciudad Blanca, weiße Stadt, genannt – wächst schnell, konnte bislang dennoch ihren provinziellen Charme bewahren.

Eng verknüpft mit dem Aufstieg von Liberia zur Touristenmetropole ist der vor den Toren der Stadt (12 km westlich) liegende und nach einem populären Staatspräsidenten benannte internationale Flughafen Daniel Oduber Quirós, nach San José der bedeutendste des Landes. Besonders für Nordamerikaner und für Besuche der Costa Dorada, der »Golden Coast«, wie die nördlichen Strände der Pazifikküste gern genannt werden, wurde die Hauptstadt der Provinz Guanacaste somit zum Eingangstor nach Costa Rica.

Liberia ist auch Ausgangspunkt für Besuche des landschaftlich außerordentlich reizvollen Nationalparks Rincón de la Vieja, der zum Schutz des gleichnamigen Vulkans und der artenreichen Vegetation an dessen Hängen geschaffen wurde. Der die Ebene weithin dominierende, 1916 m hohe Rincón de la Vieja besitzt einen gewaltigen Kraterkomplex und war 2011 das letzte Mal aktiv. Zurzeit dampft er nur.

SEHENSWERTES

Africa Safari Adventure Park B2

Durch seine trockene, savannenartige Landschaft erinnert dieser ehemals Africa Mía-Park genannte Wildpark an Naturschutzgebiete, wie man sie von Südafrika her kennt. Mit offenen Landrovern fährt man mit Rangern etwa zwei Stunden durch das weitläufige Gelände, sieht Zebras, Giraffen (es werden ausschließlich pflanzenfressende Tiere gehalten) aus nächster Nähe und kann Strauße und Kamele vom Wagen aus füttern. Günstiger ist eine außerhalb des Zaunes führende, etwa 1,5 km lange »Walking Tour«.

Ctra. 1 (Panamericana), 9 km südl. Liberia | Tel. 26 66 11 11 | www.africasafaricostarica.com | tgl. 9–17 Uhr | 50 US-$, Kinder 25 US-$

1 Calle Real

Entlang der an der Ostseite des Parque Central verlaufenden Hauptstraße der Stadt, auch Calle Central genannt, liegen einige schöne alte und liebevoll restaurierte Häuser aus der Kolonialepoche, Kontrast zu nach wie vor zahlreichen von Verfall bedrohten Gebäuden. Magnolien- und Mangobäume, mitunter blühend, tragen zum beschaulichen Eindruck der Stadt bei.

Calle Central

2 Iglesia de la Agonía

Die koloniale älteste Kirche im Osten der Stadt wurde nach Schäden durch Erdbeben restauriert und erhielt einen weißen Anstrich. Ihre große Tür ist oft geschlossen. Wenn man vorbeikommt, sollte man nachschauen, ob geöffnet ist, und ein paar Minuten in der angenehmen Atmosphäre verbringen.

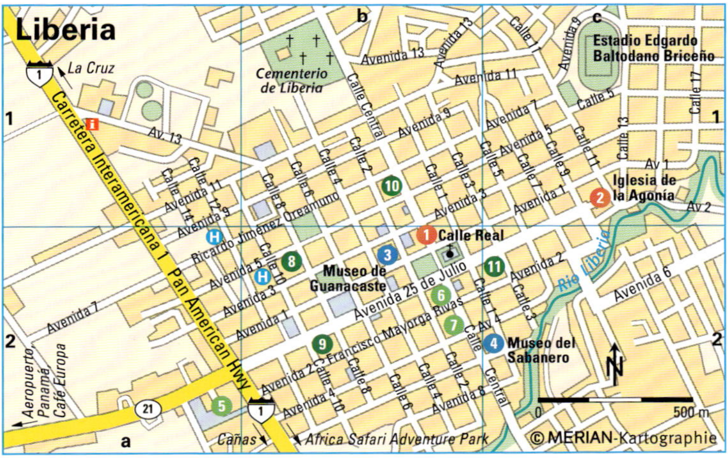

Av. Central/Calle 11 | unregelmäßige Öffnungszeiten

MUSEEN UND GALERIEN

3 Museo de Guanacaste

Das historische Gebäude diente vielen unterschiedlichen Zwecken, darunter auch als Kaserne und Gefängnis der Stadt. Heute beherbergt es das regionale Museum der Provinz, ist allerdings noch im Aufbau begriffen und wirkt mit seinen wenigen Ausstellungsstücken etwas spärlich. Zeitweise werden Konzerte und Ausstellungen ausgerichtet.

Antiguo Edificio del Cuartel | Av.1/Calle 2 | Tel. 26 65 71 14 | Mo–Fr 8–16 Uhr | Eintritt frei

4 Museo del Sabanero

Gewidmet ist das Museum der regionalen Cowboykultur, die auch heute noch weite Teile der Provinz Guanacaste prägt. Ausgestellt sind Sättel, Lassos, Sporen und anderes Reiter- und Pferdezubehör.

Casa de la Cultura, La Casona | Calle 1/Av. 6 | Tel. 26 65 01 35 | Mo–Sa 9–17, So 13–16 Uhr | Eintritt frei

ÜBERNACHTEN

5 Best Western El Sitio Hotel & Casino

Tropischer Stil – Das komfortable US-amerikanische Mittelklassehotel bietet bequeme Zimmer mit Tee- und Kaffeezubereiter, zwei schöne Pools mit Whirlpool in dichter Vegetation und eine palmblattgedeckte Cabaña als Bar. Beliebt bei US-amerikanischen Gruppen.

Ctra. 1 (Panamericana), 175 m vor dem westlichen Stadteingang von Liberia | Tel. 26 66 12 11 | www.hotelelsitio.com | 52 Zimmer | €€

6 Hotel Liberia

100 Jahre Gastfreundschaft – Das Kolonialhaus mit liebevoll dekoriertem Patio-Restaurant ist die beste Wahl, wenn es günstig und stilvoll sein soll.

Hohe Decken, historisches Mobiliar und antike Fliesen im Altbau, während einige der Räume im neuen Anbau etwas einfach wirken.
Calle Real, 75 südl. des Parque Central | Tel. 26 66 01 61 | www.hotelliberiacr.com | 6 Zimmer im Kolonialhaus, 12 Zimmer im Anbau | €

7 La Posada del Tope

Individuell und sympathisch – Im Zentrum von Liberia liegt das kleine Gästehaus in einem Kolonialgebäude aus dem 19. Jh. mit hübschen Gärten. Die individuell gestalteten Zimmer, einige mit Gemeinschaftsbad, sind ebenso wie der Rest des Hotels mit Kunst und Antiquitäten ausgestattet.
Calle Real | Tel. 26 66 38 76 | 20 Zimmer | €€

ESSEN UND TRINKEN

RESTAURANTS

Café Europa

▶ S. 63, östl. a 2

Schlüssel zum Erfolg – Deutsche Bäckereien sind überall auf der Welt erfolgreich, und diese Panadería Alemana ist keine Ausnahme: Schoko-Croissants, Mangokuchen und Linzer Torte gehen immer, dazu gibt es Kaffee- und Teespezialitäten. Auch warme Gerichte stehen zur Auswahl: Das Restaurant serviert deutsche und internationale Spezialitäten, und der dazugehörige Biergarten wird besonders gern von Costa Ricanern besucht.
Ctra. 21, 2 km westl. des Flughafens | Tel. 26 68 10 81 | www.panaleman.com | tgl. 6–22 Uhr | €€

8 Donde Pipe

»Huevos revueltos« und WLAN – Zum Frühstück gibt es ein umfassendes Angebot an Klassikern wie Rühr- und Spiegeleiern. Top sind die Bananenpfannkuchen mit Ahornsirup; mittags serviert man Salate, Fast Food und costa-ricanische Spezialitäten. Die Brownies sind lecker und das Internet kostenlos.
Calle 8/Av. 5 | Tel. 26 65 43 43 | www.dondepipe.com | Mo–Sa 7–19 Uhr | €€

9 Jauja

Tropische Atmosphäre – Pizza aus dem Ofen, Salate mit mariniertem Tintenfisch und viele andere Köstlichkeiten genießt man in diesem offen gestalteten Restaurant mit großem Außenbereich und Bar. Angenehme, relaxte Atmosphäre, nicht ohne Grund äußerst beliebt bei in Costa Rica lebenden Ausländern und Ticos.
Av. 25 de Julio/Calle 10 | Tel. 26 65 20 61 | www.restaurantejaujacr.com | tgl. 11–23 Uhr | €€–€€€

10 Los Comales

Muy rico! Lecker! – Das einfache Restaurant, eine »soda«, serviert costaricanische Küche. Bereits zum Frühstück gibt es hier starken Kaffee, Bohnen und Reis oder süße Pfannkuchen. Mittags schaut man, was die anderen bestellen, weil das an diesem Tag besonders gut ist …
Calle Central (Calle Real)/5–7 Av. | Tel. 26 65 01 05 | Mo–Sa 6–22, So 7–17 Uhr | €

11 Palermo Garden

Drinks und Sport – Eine der wenigen Möglichkeiten, in der Stadt in einem tropisch gestalteten Garten einen kühlen Drink zu genießen. Zu essen gibt es Fast Food und lokale Spezialitäten wie Tamales und Tacos. Am großen Bild-

Costa Ricas Nordwesten ist Rinder- und Cowboyland. Die Sabaneros stehen ihren nordamerikanischen Kollegen beim Reiterfest in Liberia (► S. 62) in nichts nach.

schirm kann man Sportereignisse und Musikvideos anschauen. Die Cocktails sind besonders empfehlenswert.
Av. Central/Calle 3 | Tel. 26 66 33 79 | www. palermolounge.com | tgl. 16–2 Uhr

SERVICE

AN- UND ABREISE

Flughafen ► S. 63, östl. a 2

Aeropuerto Internacional Daniel Oduber Quirós
Neben Flügen aus den USA und Kanada dient er NatureAir und Sansa für Inlandsflüge.
12 km westl. von Liberia an der Ctra. 21

AUSKUNFT

Información Turística ► S. 63, östl. a 1
ICT | Ctra. 1 (Panamericana), 3 km nördl. der Stadt, 50 m westl. Guardia Rural | Tel. 26 66 29 76 | www.liberiacostaricainfo.com | Mo–Fr 8–12, 15–18 Uhr

Ziele in der Umgebung

DREAMS LAS MAREAS A 1

All-inclusive-Resort – Dieses neu eröffnete All-inclusive-Resort wurde unweit der Grenze zu Nicaragua am Pazifik erbaut, in einer Region, die recht abgelegen ist. So eröffnet es also auch Einnahmequellen in einer struktur-

schwachen Region. Der Gast darf rundum hohe Qualität erwarten.
Playa El Jobo, Bahía de Salinas, Guanacaste, nordwestl. von Liberia | Tel. 26 90 24 00 | www.dreamsresorts.com | 447 Zimmer | €€€€ | ♿
65 km nördl. von Liberia

◎ HALBINSEL/BUCHT PAPAGAYO
A 2

An der Papagayo-Bucht wird eifrig gebaut, was Umweltschützern ein Dorn im Auge ist, aber Geld in die Region bringen soll. Um die Gegend für den Tourismus besser zu erschließen, wurde der Flughafen von Liberia erweitert und ein Jachthafen gebaut.
30 km westl. von Liberia

ÜBERNACHTEN

El Mangroove
A 2

Luxuriöses Strandhotel – Wer modernen, hippen Stil und minimalistisch ausgestattete Suiten schätzt, fühlt sich hier wohl. Mit 150 m perfekt gepflegtem Strand und seiner Lage inmitten eines riesigen, tropisch gestalteten Grundstücks überzeugt das Hotel seine anspruchsvollen Gäste aus aller Welt mit engagiertem Service und der Liebe zum Detail, vom Pool, der zum Bahnen-Schwimmen einlädt, bis zu dem edlen Fitnesscenter und den Restaurants: Makoko, das elegante Restaurant für Frühstück und Abendessen, sowie Matiss am Strand.
Playa Panamá, neben Playa Hermosa | Bahía Papagayo, 18 km westl. des Flughafens | Tel. 22 91 77 50 | www.elmangroove.net | 85 Suiten | €€€

Four Seasons Resort Papagayo
▸ S. 23

AKTIVITÄTEN

ONDA Spa
A 2

Im Andaz Resort 40 km westlich von Liberia an Costa Ricas Pazifikküste, wo das ONDA Spa seine Türen öffnete, wurden gleich neun Behandlungsräume geschaffen. Drei davon liegen im Freien, damit man beim Zwitschern der Vögel und dem Brandungsschlag der Wellen die Natur spüren, riechen, genießen und hören kann.
Andaz Península Papagayo Resort | Halbinsel Papagayo | Tel. 26 90 12 37 | www.papagayo.andaz.hyatt.com | tgl. 10–21 Uhr | ONDA Ritual Package 320 US-$

◎ PARQUE NACIONAL RINCÓN DE LA VIEJA
B 1

Zentrum des 14 000 ha großen Nationalparks ist der gleichnamige Volcán Rincón de la Vieja. Der Park in Höhen von 600 bis 1900 m ist Lebensraum für mehr als 250 Vogelarten, darunter auch den seltenen Quetzal, sowie zahlreiche Säugetiere wie Puma, Waschbär, Faultier, Jaguar, Affe und Tapir. Pflanzenkundler rühmen die Vielfalt an seltenen Orchideen, die sie hier entdecken. Von Interesse für Besucher ist in erster Linie das »Las Pailas« genannte Gebiet, das den südlichen Hang des Vulkans einnimmt. Aufgrund geothermischer Bewegung finden sich hier warme und dampfende Tümpel, geheimnisvoll erscheinende Schlammlöcher und stinkende Schwefelquellen. Ausgangspunkt ist die sogenannte Las Pailas Ranger-Station, von wo aus mehrere Wege zu Rundwanderungen einladen. Auch der Gipfel des Vulkankomplexes mit 15 km im Durchmesser und mit mehreren Vulkankratern kann von

hier aus erklommen werden. Festes Schuhwerk ist ratsam, wenn man sich den Weg bahnt durch tropischen Regenwald, der mit zunehmender Höhe in Nebelwald übergeht. Schließlich ist die vegetationslose Zone erreicht, kleinere Felsen, Schutt und Asche weisen darauf hin, dass bald der Krater erreicht ist. An klaren Tagen kann man von hier oben über die gesamte Ebene von Guanacaste bis zum Nicaraguasee schauen.
Di–So 8–16 Uhr | 10 US-$
25 km nordöstl. von Liberia

ÜBERNACHTEN

Casa Rural Aroma de Campo

Bed & Breakfast – Eine wunderschöne, authentische Unterkunft bieten die Gästezimmer mit Terrasse und Garten, umgeben von Hunderten von Hektar Regenwald. Morgens wird für alle Gäste ein üppiges Frühstück am langen Holztisch serviert, es gibt zahlreiche Plätze unter blühenden Bougainvilleen zum Lesen und Sonnen, und auch ein kleiner Pool ist vorhanden.
Ctra. al Parque Nacional Rincón de la Vieja, 2 km nach Curubande | Tel. 70 10 57 76 | www.aramodecampo.com | 6 Zimmer | €–€€

Hotel Hacienda Guachipelín

Country Style – Das Mittelklassehotel bietet geführte Wanderungen und Reitausflüge in den Nationalpark und zu Wasserfällen. Man kann mit Schwimmreifen auf dem Río Negro treiben, das hauseigene Spa (Symbiosis) am Río Colorado mit Schlammbad und heißen Mineralquellen besuchen sowie Ausflüge zu Ziplines machen.

Die vielen Schutzgebiete sind wunderbare, teils einsame Wanderregionen. Im Nationalpark Rincón de la Vieja (► S. 66) gibt es Rundwanderungen diverser Schwierigkeitsgrade.

Überall Schlamm 2

Vulkanischer Schlamm auf der Haut, warme Pools, die vom Vulkan Rincón de la Vieja erwärmt werden und am Rande des Nationalparks liegen: So macht Wellness richtig Spaß (▸ S. 12)!

Ctra. a Parque Nacional Rincón de la Vieja, Südwestrand des Nationalparks | Tel. 26 90 29 00 | www.guachipelin.com | 54 Zimmer | €€

◎ PARQUE NACIONAL SANTA ROSA A 1

Westlich der nach Norden Richtung Nicaragua verlaufenden Panamericana liegt der 500 qkm große Parque Nacional Santa Rosa, der den größten Teil der Halbinsel Santa Elena einnimmt. Kurz hinter dem ersten Eingang (von der Panamericana, km 269) zum Park liegt die alte Hacienda Santa Rosa, La Casona genannt, heute ein historisches Monument und Museum (tgl. 8–16 Uhr, Eintritt frei). Hier hatten 1856 die Anhänger des Eroberers William Walker gelagert, als sie von der costaricanischen Armee besiegt wurden. Im Park liegt die Playa de Naranjo, bekannt für ihre perfekten Surfwellen, und nordwestlich anschließend die Playa Nancite, wo jedes Jahr im September und Oktober Tausende von Oliv-Bastardschildkröten (engl. Pacific Ridley Turtle) zur Eiablage eintreffen.

www.acguanacaste.ac.cr | tgl. 8–16 Uhr | 15 US-$

37 km nordwestl. von Liberia

Genießen in Santa Teresa 3

Das Frühstück im Horizon Yoga Hotel hebt die Laune! Organischer Kaffee ist selbstverständlich, die frischen Früchte toppen alles (▸ S. 13).

NICOYA-HALBINSEL A/B 2/3

Hotspot Nicoya-Halbinsel. Die Strände an der Westküste reihen sich wie Perlen an einer Schnur. Zwischen Playa Tamarindo im Norden und Malpais im Süden sowie **Playa Montezuma** am Golf von Nicoya an der Südostküste boomen die Strandorte. Das ganze Jahr über relaxt hier eine internationale Szene. »Pura vida« – hier bedeutet es auch Strandvergnügen pur.

Ziele in der Umgebung

◎ MALPAIS B 3

1000 Einwohner

Yoga, Surfen, Pizza essen – die Tage in dem abgelegenen Pazifikparadies am südlichen Ende der Nicoya-Halbinsel vergehen mit sportlichen Beschäftigungen und Essen gehen. Die Auswahl an Sushi-Bars, Thai-Restaurants und Cafés mit gluten- und lactosefreien Gerichten ist groß, gleich mehrere Strandabschnitte (Playa Manzanillo, Playa Santa Teresa und Playa el Carmen) sind Treffpunkte für Surfer aus Nord- und Südamerika. Es gibt zahlreiche Surfshops, die u.a. auch hervorragende Secondhand-Boards verkaufen.

113 km südöstl. von Nicoya

ÜBERNACHTEN

Horizon Yoga Hotel

Yoga und surfen – Wie der Name sagt, werden im Hotel Yogakurse angeboten,

Montezuma (▶ S. 69) auf der Nicoya-Halbinsel startet noch etwas verschlafen in einen schönen, sonnigen Tag. Kleine Hotels und Restaurants liegen idyllisch am Strand.

daneben Pilates und Behandlungen im Spa. Außerdem Surfunterricht, Ausritte, Touren nach Tortuga Island. Es gibt acht Bungalows unterschiedlicher Größe mit Außendusche und Küche. Das Restaurant bietet ein tolles Frühstück (▶ S. 13) sowie vegetarisches und veganes Essen.
Santa Teresa | Tel. 26 40 05 24 | www.horizon-yogahotel.com | Sept./Okt. geschl. | 8 Bungalows | €€€

◎ MONTEZUMA B3

1000 Einwohner

Das ursprüngliche Fischerdorf am Golf von Nicoya unweit der Südspitze der Nicoya-Halbinsel zog bereits in den 1970er- und 1980er-Jahren westliche Musiker, Künstler, Backpacker, Naturschützer, Aussteiger und Späthippies an. Die Ticos benannten Montezuma bald darauf ironisierend in Montefumar um. Viele der Aussteiger wohnen noch heute hier und bilden eine kosmopolitische Gemeinschaft. Umgeben von tropischem Dschungel mit Kapuzineräffchen und Bächen, Flüssen und Wasserfällen, einem schönen Strand, eingerahmt von hohen Klippen, lebt man hier inmitten und oft auch von der Natur. Kleine Hotels und Restaurants (»sodas«) entstanden mit der Zeit, teilweise in karibisch bunt bemalten Holzhäusern, dazwischen gibt es Surferläden, Tattoo-Studios und Kunsthandwerksgeschäfte. Und: Jede Nacht findet irgendwo eine Party statt.
107 km südöstl. von Nicoya

SEHENSWERTES

Mariposario Montezuma Gardens

Der wohl einzige costa-ricanische Schmetterlingsgarten mit Meerblick,

aufgebaut von den weitgereisten Betreibern des gleichnamigen Gästehauses (€–€€). Bemerkenswert sind nicht nur die vielen Schmetterlinge, sondern auch die Schönheit der Gartenanlage.
Las Delicias de Cóbano | Tel. 26 42 13 17 | www.montezumagardens.com | tgl. 8–16 Uhr | 8 US-$

Reserva Natural Absoluta Cabo Blanco

Die Südspitze der Nicoya-Halbinsel wird eingenommen von dem 1300 ha großen Naturreservat, zu dem auch 1800 ha Meeresreservat mit der Isla Cabo Blanco gehören. Unterwegs auf einem der beiden Wanderpfade begegnet man mitunter Ameisenbären, Kapuzineraffen, Stachelschweinen, Gürteltieren, Waschbären und diversen Wasservögeln.
Cabuya, 9 km südl. von Montezuma | Tel. 26 42 00 93 | www.sinac.go.cr | Di–So 8–16 Uhr | 10 US-$

ÜBERNACHTEN

Amor de Mar

Idylle am Fluss – Individuell und inmitten der Natur wohnt man in dieser tropischen Villa Kunterbunt, etwa fünf Minuten zu Fuß vom Dorfzentrum entfernt; die Zimmer und alle anderen Räume sind ausgestattet mit Kunsthandwerk lokaler Künstler. Man bemüht sich um Nachhaltigkeit und serviert Lebensmittel aus Bio-Anbau.
An der Mündung des Río Montezuma | Tel. 26 42 02 62 | www.amordemar.com | 9 Zimmer | €€–€€€

Anamaya Resort & Retreat Center

Erholsam – Vom Infinity-Pool hoch über dem Meer bis zur polierten Terrasse für Yoga-Asanas – einer der schönsten Orte, um Yoga in Costa Rica zu praktizieren. Das »Body, Mind & Spirit«-Resort liegt hoch auf einem Hügel im Hinterland und bietet neben Yoga- auch Meditations-Retreats. Organisches vegetarisches Essen im Restaurant, Unterkünfte im edlen Ethno-Stil. Unterbringung nur wochenweise.
Montezuma | Tel. 26 42 12 89 | www.anamayaresort.com | 12 Bungalowos | €€€€

Aurora

Man spricht Deutsch – Mitten im Dorf und doch umgeben von viel tropischem Grün wohnt man günstig in einfachen, meist gepflegten Zimmern, und auch eine Küche steht zur Nutzung bereit. Auf der großen Terrasse kann man in Hängematten relaxen und mit jungen Leuten aus aller Welt plaudern.
Montezuma Zentrum | Tel. 26 42 00 51 | www.hotelaurora-montezuma.com | 20 Zimmer | €€

Casacolores

Bunte Hütten im Regenwald – Mit ihren farbenfrohen, äußerst gepflegten und nett gestalteten Cottages (jedes mit gut ausgestatteter Küche und Holz-Veranda), dem Pool und einem Barbecue-Platz hat eine junge schwedische Auswandererfamilie eine beliebte, stark nachgefragte Adresse geschaffen.
Ctra. a Cóbano km 1,5 | Tel. 26 42 02 83 | www.casacolores.com | 6 Cottages | €€

Kalapiti Luxury Jungle Suites

Luxus im Dschungel – Vom edlen, 15 m langen Pool, gerahmt von Königspalmen, dem Whirlpool im so romantisch wie großzügig gestalteten Bad im Ethno-Look zu großen Terrassen mit

Einladend sind nicht nur die Unterkünfte in den Kalapiti Luxury Jungle Suites (▶ S. 70). Die gesamte Anlage ist luxuriös gestaltet und bei Hochzeitsreisenden sehr beliebt.

Day-Beds: Hier wurde gestylt, was das Zeug hält.
Las Delicias | Tel. 26 42 13 61 | www.kalapiti.com | 2 Villen | €€€€

ESSEN UND TRINKEN

La Vaca Rica

Bio-Küche – Sonntagabends (18.30 Uhr) gibt es Kino, und einige organische Lebensmittel kann man auch mitnehmen.
Las Delicias de Cóbano, 15 m südl. der Pulpería »Las Palmas« | Tel. 26 42 12 06 | www.lavacarica.com | Fr, Sa 12–22, So 9–12, 17–22 Uhr | €

Playa de los Artistas

Unter Palmen am Strand – Die Speisekarte wechselt jeden Tag, je nach Fang und Ernte, doch immer mit italienischem Einschlag und Pizza aus dem Ofen.
Playa Montezuma, 300 m südl. des Zentrums, gegenüber Hotel Los Mangos | Tel. 26 42 09 20 | Mo–Sa 17–23 Uhr | €€€

EINKAUFEN

Farmers' Market

Der wöchentliche Markt bietet frische, lokal organisch angebaute Waren wie Obst und Gemüse, Fisch und Fleisch sowie Souvenirs und Kunsthandwerk. Dazu »jammen« Musikgruppen.
Montezuma Parque Principal | Sa 10–13 Uhr

SERVICE

AN- UND ABREISE

Fähre

Eine Fähre verkehrt von der Hafenstadt Puntarenas sechs mal täglich ins nördlich gelegene Paquera und erspart

Busreisenden und Autofahrern einen langen, nervenaufreibenden Weg.

Flugplatz

Der kleine Flugplatz des nördlich gelegenen Tambor wird vom Nature Air und Sansa angeflogen, die mehrmals täglich von San José anfliegen.

AUSKUNFT

www.montezumabeach.com | www.montezumainfo.net

SÁMARA 1 A 3

1500 Einwohner

Das ist ein perfekter Pazifikstrand: Dieser Ansicht sind viele Einwanderer aus USA, Kanada, Deutschland und Italien, die sich an der Playa Sámara niederließen, nachdem sie hier ihren Urlaub verbracht und Surfkurse besucht hatten. Der an der südlichen Pazifikküste der Nicoya-Halbinsel liegende Ort liegt entlang der 6 km langen, nahezu weißen Playa Sámara an einer sichelförmigen Bucht. Ein ideales Ziel, wenn man Strand und Palmen sucht, und auch beliebt bei Familien mit kleinen Kindern, denn das Wasser ist flach und das Meer meist ruhig, da vorgelagerte Inseln, das Korallenriff und ein felsiges Kap die Brandung aufhalten. Ein Korallenriff zieht Taucher an, und auch Hochseeangeltouren werden angeboten.

Östlich schließt sich die Playa Carrillo an. Die gleichnamige kleine Siedlung liegt auf einem Hügel über dem Pazifik, hier hat sich auch eine Reihe von stimmungsvollen Boutique-Hotels angesiedelt.

37 km südl. von Nicoya

Die zauberhafte, palmengesäumte Playa Carrillo mit weißem Sand lädt östlich des Ortes Sámara (▶ MERIAN TopTen, S. 72) auf der Nicoya-Halbinsel zum Baden ein.

ÜBERNACHTEN

La Posada B&B

Zum Verlieben – Von den beiden Inhabern Leo und Theo perfekt geführte kleine Pension. Herrlicher Blick von der Frühstücksterrasse zum Meer, das man in wenigen Minuten erreicht. Hängematten laden zum Träumen.

Puerto Carrillo | Tel. 26 56 31 31 | www.laposada.co.cr | 5 Zimmer | €€

Mirador de Sámara

Meerblick von allen Zimmern – Die Lage auf einem 40 m hohen Hügel garantiert beste Aussicht, zum Strand sind es fünf Minuten Fußweg. Im tropischen Garten mit Obstbäumen sieht man Hörnchen, Affen, Leguane, Schmetterlinge und viele Vögel.

Sámara Zentrum | Tel. 26 56 00 44 | www.miradordesamara.com | 4 Zimmer und 8 Apts. | €€

Paraíso del Cocodrilo ▸ S. 24

Villas Playa Sámara

Hoteldorf am Strand – Einstöckige Bungalows in einer weitläufigen Anlage mit Palmen, Pool und Restaurant am Strand, von wo aus man bei Ebbe in etwa 20 Minuten ins Dorf laufen kann. Kinder haben an den vielen Leguanen, Affen und bunten Vögeln, die hier leben, ihre Freude.

Playa Sámara Este | Tel. 26 56 11 11 | www.villasplayasamara.com | 59 Zimmer und Villen | €€€–€€€€

ESSEN UND TRINKEN

RESTAURANTS

El Lagarto Grill Restaurant & Bar

Grillen am Strand – Zentrum des Strandrestaurants ist der große Holzkohlegrill für Fischspezialitäten, Steaks und Gemüse. Die Atmosphäre ist romantisch und tropisch, Stühle stehen im Sand, und zum Sundowner ist dies einer der schönsten Orte an der Playa Sámara.

Kommen Sie nicht zu spät zum Sonnenuntergang, die schönsten Plätze sind schnell belegt.

Playa Sámara | 200 m westl. und 200 m südl. der Iglesia Católica | Tel. 26 56 07 50 | www.ellagartobbq.com | tgl. 11–23 Uhr | €€€

Tabanuco

Strandatmospäre & mehr – Gegen 17 Uhr sind viele der bunten Holzsessel am Meer bereits besetzt, man trinkt ein Bier, anschließend bestellt man aus der reichhaltigen Speisekarte (top: Seafood gegrillt); mitunter gibt es auch Reggae-Musik und andere Events.

Playa Sámara | Tel. 26 56 10 56 | tgl. außer So 11–23 Uhr | €€

CAFÉS

Sámara Organics

Shop, Café und »to go« – Was man hier kauft oder verzehrt, stammt aus Bio-Anbau; täglich gibt es wechselnde Gerichte. Die Smoothies und Obstsäfte sind so gesund wie lecker, die Atmosphäre ist freundlich-relaxt.

Spirituelles Erlebnis 4

Yoga- und Meditationskurse helfen, der eigenen Glücksressourcen gewahr zu werden.
Das spirituelle Erlebnis und die Entdeckung der Stille ist inklusive (▸ S. 13).

Centro Natural, Sámara Zentrum, gegenüber Hotel del Mar | Tel. 26 56 30 46 | www.samaraorganics.com | Mo–Sa 7.30–16.30 Uhr | €

SERVICE

AUSKUNFT

www.samarabeach.com | www.samarainfocenter.com

TAMARINDO A2

3500 Einwohner

Einige der landesweit besten Restaurants, eine junge Szene, die sich in den vielen Bars und Clubs trifft: An der nordwestlichen Pazifikküste lockt der Ort zudem mit breiten Stränden und hohen Wellen viele Surfer, Hochseeangler und Taucher an. Tamarindo wird von einer steigenden Zahl von westlichen Einwanderern bewohnt, die mittlerweile viele Unterkünfte und Restaurants betreiben. Weit muss man allerdings nicht gehen, um Ruhe zu finden: Nördlich der Playa Tamarindo erstreckt sich das Mangroven-Ästuar Estero de Tamarindo, daran anschließend die Playa Grande. Südlich der Playa Tamarindo liegt das Estero de San Francisco, anschließend die Playa Langosta. Die Strände und Ästuare sind Teil des Parque Marino Las Baulas, Schutzgebiet für Lederschildkröten, die in den Monaten Oktober bis März zur Eiablage zur Playa Grande kommen.

57 km nordwestl. von Nicoya

SEHENSWERTES

Refugio Natural de Vida Silvestre Tamarindo

Das Tamarindo Wildlife Refuge erstreckt sich mit 420 ha über das Estero de Tamarindo und das Mündungsgebiet des Río Matapalo und wurde 1992 geschaffen, in der Hauptsache, um Meeresschildkröten (Oliv-Bastard), die zwischen Juli und November hier zur Eiablage die Strände aufsuchen, zu schützen. Bei einer Kanutour (buchbar bei zahlreichen Anbietern im Ort) durch die Kanäle des Ästuars lassen sich exotische Wasservögel und auch Säugetiere beobachten.

ÜBERNACHTEN

15 Love Bed & Breakfast

Farbenfrohes Design – Die drei jungen und ambitionierten Gastgeber halten Zimmer und Suiten im schicken Designerstil mit polierten Betonfußböden und frischen Blumen bereit; morgens wird ein gesundes, üppiges Frühstück serviert, man trifft sich am kleinen Pool oder zu einem Tennismatch bei Flutlicht.

1 Block hinter der Calle Principal (Ctra. 152), 200 m vor dem Hotel Jardín del Eden | Tel. 26 53 08 98 | www.15lovebedandbreakfast.com | 3 Zimmer, 1 Suite | €€

Aparthotel Nahua

10 Minuten zu Fuß zum Strand – Den Gästen der Apartments stehen ein Pool und Hängematten zur Verfügung. Preiswerte Anlage für einen längeren Aufenthalt.

Calle Guanacaste | Tel. 26 53 10 33 | www.hotelnahuatamarindo.com | 8 Zimmer und Apts | €–€€

Hotel Diria

Am Palmenstrand – Komforthotel in einem weitläufigen Palmengarten direkt am Meer, vier Pools, Fitnesscenter, Tennisplätze, Driving Range für Golfer

sowie ein Casino halten die Gäste beschäftigt. Die ebenfalls angebotenen Hochseeangeltouren genießen einen guten Ruf.
Playa Tamarindo | Tel. 40 32 00 32 | www.tamarindodiria.com | 240 Zimmer | €€€

Jardín del Eden

Terrassenblick zum Meer – Die üppigen Palmengärten, die schöne, geschwungene Poolanlage, palmblattgedeckte Teakholzterrassen und große, professionell gestaltete Zimmer im Landhausstil tragen dazu bei, dass man das Resort (150 m zum Strand) so schnell nicht wieder verlassen möchte. Hervorragendes, offen gestaltetes Restaurant. Nur für Erwachsene.
1 Block hinter der Calle Principal (Ctra. 152) | Tel. 26 53 01 37 | www.jardindel eden.com | 40 Zimmer | €€€€

ESSEN UND TRINKEN

RESTAURANTS

Seasons by Shlomy

Elegant mit neuer Küche – Das Open-Air-Restaurant mit mediterraner Küche gehört zu den besten der Gegend. Küchenchef Shlomy kreiert aus dem Fang des Tages Fischspezialitäten und beherrscht ebenso die Kunst, ein Filet Mignon perfekt zuzubereiten. Reservierung ratsam.
Hotel Arco Iris | Ctra. a Langosta, gegenüber Hertz | Tel. 83 68 69 83 | www.seasonstamarindo.com | Mo–Sa 18–22 Uhr | €€€

CAFÉS

Café Tico

Das kleine Café mit Sitzbereich im Freien offeriert bestes Frühstück, Kaffee- und Teespezialitäten sowie täglich wechselnde kleine Gerichte. Dauerbrenner sind Coconut Muffins und Karotten-Walnuss-Kuchen. Im Shop gibt es Honig, Marmelade, Kaffee und Soßen, Schokolade und Nussbutter aus lokaler Produktion.
Centro Comercial Las Olas, Ctra. a Langosta, 25 m südl. des Supermarkts 2001 | Tel. 88 81 77 32 | www.cafetico tamarindo.com | Mo–Fr 7–17, Sa 7–15 Uhr | €

La Bodega

Auf der erhöht liegenden Terrasse in einem bequemen Teakholzstuhl probiert man am besten das »sandwich of the day« oder gönnt sich einen »organic coffee« mit einem frisch gebackenem Vollwertkuchen. Köstlich schmeckt hier einfach alles.
Hotel Nahua | Calle Guanacaste, gegenüber Banco Nacional | Tel. 88 29 14 80 | www.labodegatamarindo.com | Mo–Sa 7–16 Uhr | €

AKTIVITÄTEN

Sprachschule

Mit Unterkunft für Sprachschüler.
WAYRA Instituto de Español | Tamarindo Zentrum | Tel. 26 53 03 59 | www.spanish-wayra.co.cr

SERVICE

AN- UND ABREISE

Tamarindo Airport

Flughafen von Tamarindo wird täglich von Nature Air und Sansa aus San José angeflogen.

AUSKUNFT

www.tamarindo.com | www.tamarin dolife.com

DER NORDEN – NEBELWÄLDER UND VULKANE

Monteverde – grüner Berg heißt das wohl bekannteste Naturschutzgebiet des Landes. Der Schutz der einzigartigen Nebel- und Regenwälder geht auf eine Initiative von Quäkerfamilien zurück. In der Nähe thront der Vulkan Arenal über dem gleichnamigen See.

In der Cordillera de Tilarán liegen in etwa 1600 m Höhe die ökologisch noch weitgehend intakten Urwaldgebiete der Monteverde-Region, die diverse Naturschutzgebiete umfassen. Mittlerweile gibt es mehrere, von unterschiedlichen Organisationen unterhaltene Reservate.

GROSSARTIGE NEBELWÄLDER

Größte Attraktion von **Monteverde** 2 sind dessen einzigartige Nebelwälder, d. h. Regenwälder über 1500 m Höhe, die nahezu ständig in Nebel bzw. Wolken getaucht sind und die aufgrund der hohen Luftfeuchtigkeit eine besonders artenreiche Vegetation entwickeln. Nicht wenige Besucher kommen allein deswegen nach Costa Rica, um Monteverde und des-

◂ Sonnenaufgang am perfekt geformten Vulkan Arenal (▸ MERIAN TopTen, S. 86).

sen Nebelwälder zu sehen. Eine besondere, fast märchenhafte Atmosphäre zeichnet diese aus; hier wachsen Farne, Orchideen und Bromelien im Überfluss, hier befindet man sich in einem Gebiet, in dem auf kleinem Raum Werden und Vergehen in einem dichten Kreislauf stehen. Es lohnt sich, mit einheimischen Führern unterwegs zu sein, um auf die unvorstellbar große Tier- und Pflanzenwelt aufmerksam gemacht zu werden; ohne Guide sieht man viel weniger. Die Nebelwälder von Monteverde gelten auch als Rückzugsort des überaus selten gewordenen Quetzal, eines schon von den Maya-Völkern kultisch verehrten Vogels.

DER PERFEKTE VULKAN

Weit muss man nicht fahren, um von Monteverde zu einem weiteren touristischen Highlight zu gelangen: Der erst seit 2010 nicht mehr nächtlich Feuer spuckende, gleichwohl noch aktive **Vulkan Arenal** ★3 zeichnet sich durch seine perfekte Kegelform aus, die von allen Himmelsrichtungen aus sichtbar ist. Durch den Parque Nacional Volcán Arenal führen großartige Trails, am Rande liegen rustikale Lodges sowie bezaubernde Bed & Breakfast-Pensionen.

AKTIVITÄTEN ALLER ART

Tatsächlich ist die Gegend zu Füßen des Arenal ein einziges Paradies für Outdoor-Aktivitäten; es gibt Thermalquellen, in denen man baden kann, der gleichnamige See (Laguna de Arenal) zieht mit einer beständigen Brise Windsurfer aus aller Welt an, es gibt Zipline-Parks und Reitställe, Hängebrücken, die Möglichkeit zum Kayakfahren, Schmetterlingsgärten und Wildlife Center. Der einzige Nachteil: Wenn man keinen Zeitplan hat, kann es einem hier so gut gefallen, dass man von Costa Rica nichts anderes mehr sieht. Zentrum der Region ist La Fortuna de San Carlos, einst eine beschauliche landwirtschaftliche Siedlung, heute eine weitläufige Kleinstadt mit zahlreichen Hotels und Restaurants, den Vulkan an klaren Tagen stets im Blick.

SANTA ELENA/ MONTEVERDE C2

9000 Einwohner inkl. Monteverde

Das Dorf Monteverde wurde 1952 von Quäkern gegründet, einer dem Pazifismus verpflichteten Religionsgruppe, die aus Nordamerika einwanderte, um auf diese Weise dem Militärdienst im Koreakrieg zu entgehen. Quäker waren es, die zusammen mit Ticos erste Initiativen ins Leben riefen, die einzigartigen Regen- und Nebelwälder der Region zu schützen. Noch heute betreiben deren Nachkommen in der Region Viehzucht und Milchwirtschaft. Zwischen der Kleinstadt Santa Elena und dem Monteverde Cloud Forest Biological Reserve reihen sich an der 6 km langen Straße zahlreiche Hotels, Gästehäuser und Pensionen aneinander, und hier befindet sich auch der Zugang zu mehreren kleinen und privaten Naturschutzgebieten. Während der Hauptreisezeit zwischen Dezember und Februar kann es in Monteverde voll werden, und selbst auf den Trails, die durch die einzelnen Reservate führen, trifft man beständig auf Reisegruppen, die mit einheimischen Führern unterwegs sind.

Das oberhalb von Monteverde, 2 km von Santa Elena entfernt gelegene Dorf Cerro Plano besitzt mit dem Butterfly Garden und mehreren Naturschutzgebieten wie dem Sendero Valle Escondido und dem Reserva Sendero Tranquilo nicht nur mehrere Attraktionen, sondern bietet auch eine Vielzahl von stimmungsvollen Unterkünften.

SEHENSWERTES

Bosque Eterno de los Niños

Der Kinderregenwald – ein international bekanntes Schutzgebiet – wurde durch eine von Schweden ausgehende Spendenaktion, an der sich Kinder aus 44 Ländern beteiligten, gegründet und anschließend auf 22 500 ha erweitert. Als größtes privates Schutzgebiet des Landes erstreckt es sich von 600 bis 1800 m Höhe und ist für Besucher bedingt zugänglich. So darf man auf dem 3,5 km langen Sendero Bajo del Tigre, einem Rundwanderweg, unterwegs sein. Im Schutzgebiet leben u. a. viele Tukane, Nasenbären und Affenarten, die man häufig zu Gesicht bekommt.

Sendero Bajo de Tigre | Ctra. a Monteverde, 100 m nach CASEM bei der Käserei | Tel. 26 45 59 23 | www.acmcr.org | tgl. 8–17 Uhr | 8 US-$, Kinder frei

Jardín de Mariposas

Der älteste Schmetterlingsgarten der Region, gegründet vor über 20 Jahren von dem aus Ontario stammenden David Makynen, bietet vier unterschiedliche, nach Lebensräumen unterteilte Schmetterlingsgärten. Daneben gibt es tropische Riesen-Insekten, Spinnen und in allen Regenbogenfarben schillernde Käfer ebenso wie Kapuzineräffchen und Tukane zu sehen. Während einer Führung lernt und sieht man viel Neues und darf mitunter sogar frisch geschlüpfte Schmetterlinge auf ihren Jungfernflug schicken.

Cerro Plano | Abzweig von der Ctra. Santa Elena–Monteverde | www.monteverdebutterflygarden.com | tgl. 8.30–16 Uhr | 15 US-$ mit Führung, Kinder 5 US-$

Jardín de Orquideas

Mehr als 400 Orchideenarten hat man hier kultiviert; neben solchen, die in Monteverde endemisch sind, finden

Im Nebelwald von Monteverde (► MERIAN TopTen, S. 79) sind die Bäume wie dieser Matapalo eine Sehenswürdigkeit. Auch gibt es hier viele Arten Orchideen und Farne.

sich besonders winzige, für deren Anblick man eine Lupe bekommt (u. a. die kleinste Orchidee der Welt), sowie auch handtellergroße, besonders farbenprächtige Exemplare, allesamt mit ihrer lateinischen Bezeichnung beschildert. Hervorragend ist die 25 bis 40 Minuten dauernde obligatorische Führung mit einem Guide, der Spanisch und Englisch spricht und der u. a. auch auf die ungewöhnlichen Duftnuancen der Orchideen (die nach Cola oder Himbeeren riechen können) aufmerksam macht und so manche lustige Geschichte kennt.

Santa Elena | Calle Principal | www.monteverdeorchidgarden.net | tgl. 8–17 Uhr | 10 US-$

2 Monteverde Nebelwald

Ein Muss beim Besuch in Monteverde, leider oft ziemlich überlaufen. Die Reserva Biológica Bosque Nuboso Monteverde umfasst 10 500 ha Nebelwald, durch den ein 13 km langes Netz von Trails führt. Besonders schön ist die Wanderung zum La Ventana genannten Aussichtspunkt, der Kontinentalscheide Costa Ricas zwischen Atlantik und Pazifik in einer Höhe von 1550 m,

Es kribbelt schon etwas im Magen, wenn man über diese manchmal wackeligen Hängebrücken von Monteverde Skywalk (▶ S. 81) läuft. Gegenverkehr ist da eher unerwünscht …

wo man zwei Aussichten genießen kann, die eine zum Pazifik mit oft sonnigem Wetter, die andere zur Karibikseite, oft von Wolken verhangen.

Ctra. a Reserva de Monteverde km 6 | Tel. 26 45 51 22 | www.reservamonteverde.com | tgl. 7–16 Uhr | 18 US-$, Kinder 9 US-$

Natural Wonders

Die Gondeln der Seilbahn schweben durch die Baumkronen des Nebelwaldes, eine einmalige Gelegenheit, sich dem Urwald aus ungewöhnlicher Perspektive zu nähern. Besonders angenehm: Man kann die Gondeln selbst anhalten, wenn es etwas zu sehen gibt. Fünf Ziplines und fünf Hängebrücken stehen ebenfalls zur Verfügung, das Richtige für aktive Besucher.

Monteverde | 300 m südl. der Escuela Cerro Plano | Tel. 26 45 59 60 | www.naturalwonderstram.com | Tagesfahrt 8–16 Uhr, 25 US-$, Nachtfahrt 17.30 Uhr 30 US-$ inkl. Guide und Getränke

Reserva Bosque Nuboso Santa Elena

Jaguare und Quetzale mit ihren meterlangen grünen Schwanzfedern gehören sicherlich zu den bekanntesten, aber auch am schwierigsten zu beobachtenden Tieren des 1992 gegründeten Nebelwaldes, der deutlich weniger besucht wird als der bekanntere Monteverde-Nebelwald. Das von der Kommune Santa Elena unterhaltene Naturschutzgebiet (310 ha) mit Moos und von Epiphyten (Aufsitzerpflanzen) bewachsenen Bäumen verfügt über Trails von insgesamt 12 km Länge, an deren Rändern seltene Orchideen wachsen, man kleinere Säugetiere, Frösche, Leguane und ungewöhnliche tropische Insekten sehen kann. Häufig regnet es, deshalb sind Gummistiefel und wasserdichte, unempfindliche Bekleidung ratsam.

6 km nordöstl. von Santa Elena | Tel. 26 45 53 90 | www.reservasantaelena.org | tgl. 7–16 Uhr | 14 US-$

Selvatura Educational Center

C2

Das private Naturschutzgebiet in Monteverde ist bekannt für seine spektakulären Ziplines und Hängebrücken. Nicht verpassen darf man bei einem Besuch auch das neu eröffnete Educational Center, das Besucher auf vieles aufmerksam macht, was es in den Nebel- und Regenwäldern zu entdecken gibt. Unter anderem wird der Film »Jewels of the Rainforest« gezeigt.

Selvatura Park | 5 km nordöstl. von Santa Elena Richtung Santa Elena Cloud Forest | Tel. 26 45 59 29 | www.selvatura.com | tgl. 7–16 Uhr | 30 US-$

Skywalk

Ein System von sechs Hängebrücken (100–300 m Länge) und Wanderwegen von 2,5 km Länge führt durch den Regenwald von Monteverde, teilweise über tiefe Schluchten und wild schäumende Bäche – großartig, doch sollte man keine Höhenangst haben. Bei einer zweistündigen Tour sieht man außer Nasenbären und Faultieren handtellergroße Schmetterlinge und bunt schillernde Käfer, sich behände bewegende Klammeraffen, possierliche, leicht zu entdeckende Weißgesichtaffen, und in den frühen Morgenstunden ertönt das Geschrei der Mantelbrüllaffen, das an Raubtiere denken lässt.

Sky Adventures Monteverde Park | 6 km nördl. von Santa Elena | Tel. 26 45 52 38 | www.skyadventures.travel | tgl. 8–18 Uhr | 35 US-$, Kinder 22 US-$

Nachts im Wald

5

Nachtaktive Tiere in der Gondel und bei einer Wanderung im Regenwald erleben – eine Erfahrung der nachhaltigen und besonderen Art (▶ S. 13)!

Wollen Sie's wagen?

In Costa Rica baute man Hängebrücken zunächst für die Forschung, erst später für Touristen. Gelegentlich ist es eine abenteuerliche Wackelpartie, wenn man über Konstruktionen aus Holzbrettern und Seilen läuft, eine kleine Mutprobe über tiefen Abgründen. Sicher zum anderen Ufer gelangen – auf einer Hängebrücke wird der Weg zum Ziel, und wenn man mit zittrigen Knien auf der anderen Seite angekommen ist, ist das fast ein bisschen schade.

Tarzan und Jane 6

Den Urwald sehen, fühlen, riechen, hören in einem Baumhaus mit Himmelbett und Regendusche am Rande des Nebelwalds. Unvergessliche Momente (▶ S. 14).

ÜBERNACHTEN

Casa Tranquilo

Farbenfrohes Backpacker-Hostel – Doppelzimmer mit eigenem Bad oder Mehrbettzimmer mit Gemeinschaftsbad erhältlich. Dazu gibt es ein ordentliches Frühstück und jede Menge Unterstützung bei der Planung der Aktivitäten, die auch im Hause gebucht werden können. Top: die internationale Atmosphäre, die individuelle, kreative Gestaltung der Räume. Hängematten laden zur Siesta ein, Gitarren und Bongos stehen zum Musizieren bereit.

Ctra. a Monteverde | 100 m südl. des Supercompro-Supermarktes | Tel. 26 45 67 82 | www.casatranquilohostel.com | 12 Zimmer | €

Hotel Montaña Monteverde

Rustikal und ein Hauch von Luxus – Die gepflegte, im US-amerikanischen Ranchstil erbaute Mountain Lodge bietet einfache und vom Platzangebot her großzügige Zimmer mit Balkonen und Blick in die Natur bis hin zum Golf von Nicoya. Nach einer anstrengenden Wanderung – u. a. auch im hoteleigenen 6 ha großen Regenwaldgebiet – kann man sich in der Sauna und im Whirlpool entspannen.

Ctra. a Monteverde | Tel. 26 45 50 46 | www.monteverdemountainhotel.com | 42 Zimmer | €€

Los Pinos Cabañas & Jardines

Behagliche Cabañas aus Holz – Die mit Küche und gepflegtem Schlaf- und Esszimmer sowie modernem Bad ausgestatteten Ferienhäuser (zwischen 42 und 92 qm) besitzen große Terrassen mit Blick in die Natur. Die Besitzer unterstützen lokale Initiativen und bemühen sich um eine nachhaltige Bewirtschaftung. Günstige Preise und die herrlich ruhige Lage sichern Stammgäste, deshalb sollte man während der Hochsaison frühzeitig buchen.

Cerro Plano | 150 m östl. der Schule | Tel. 26 45 65 65 | www.lospinos.net | 14 Bungalows | €€

Monteverde Lodge & Gardens

Oase für Gartenliebhaber – Seltene Bromelien, Baumfarne und Orchideen gedeihen in einem wunderbar gepflegten tropischen Park; das Hotel bietet Vier-Sterne-Luxus, große Zimmer mit Parkett und bodentiefen Fenstern direkt in die Natur sowie Balkone zum Regenwald hin: das schönste und komfortabelste Hotel von Santa Elena. Treffpunkt am späten Nachmittag ist die behagliche Bar mit offenem Kaminfeuer, an dem der nächste Tag geplant wird.

Cerro Plano | Tel. 26 45 50 57 | www.monteverdelodge.com | 24 Zimmer | €€€€

ESSEN UND TRINKEN

RESTAURANTS

Bar Amigos

Sport-Bar mit gutem Essen – Das 1970 als kleine, von Einheimischen besuchte Bar gegründete Restaurant gehört heute zu den beliebtesten der Stadt. Erst am späten Abend wird es hier richtig

schön, wenn die Bar sich füllt, eine Band spielt oder man der Live-Übertragung eines Fußballspiels beiwohnt. Dann steigt der Bier-Konsum, und die Stimmung wird laut und ausgelassen.
Santa Elena Zentrum | 50 m östl. und 100 m südl. Supermarkt La Esperanza | Tel. 26 45 50 71 | www.baramigos.com | tgl. 12–1 Uhr | €€

Café Caburé

Argentinische Küche – Zubereitet werden auch alle Arten internationaler Spezialitäten. Von der Terrasse ergibt sich einen fantastischer Blick in den Regenwald. Mit Schokoladen- und Kaffee-Geschäft.
Paseo de Stella | Ctra. a Monteverde, gegenüber CASEM | Tel. 26 45 50 20 | www.cabure.net | Mo–Sa 9–21 Uhr | €€–€€€

Don Luis

Lateinamerikanische Rhythmen – Livemusik gibt es fast täglich in diesem beliebten, von einer einheimischen Familie geführten Restaurant. Neben ofenfrischer Pizza und Pastagerichten mit hausgemachter Tomatensauce gibt es costa-ricanische Spezialitäten, Salat und Sandwiches zu günstigen Preisen.
Cerro Plano | 25 m nördl. der Schule, schräg gegenüber Hotel Heliconia | Tel. 26 45 54 52 | tgl. 11–24 Uhr | €€

Morpho's

Rustikal und liebevoll dekoriert – Schmetterlinge sind das primäre Gestaltungselement des beliebten Restaurants; die umfangreiche Speisekarte nennt nicht nur Suppen, Salate und Sandwiches, sondern auch europäische und US-amerikanische Klassiker. Mit-

Morpho's Restaurant (► S. 83) in Santa Elena sieht schon ganz wie ein Schmetterling aus, zum Essen gibt es aber Handfesteres wie Sandwiches, Burger und Süßigkeiten.

tags gibt es internationale Küche, und die Smoothies sind ebenso schmackhaft wie die hausgebackenen Kuchen und zuckersüßen Desserts.
Santa Elena Zentrum | gegenüber Pensión El Tucán | Tel. 26 45 73 73 | www.morphosrestaurant.com | tgl. 11–21 Uhr | €€–€€€

Tramonti

Fettucine und Spaghetti – Nicht nur Pizza aus dem Holzofen, auch Pastagerichte schmecken hier fast so gut wie in der Toskana. Probieren Sie »paglia e fieno con hongos«, Spinatnudeln mit Sahnesauce und Pilzen – nach dem Besuch im nebenan liegenden Kinderregenwald. Als Dessert locken Tartufo, Tiramisu und Panna Cotta.
Ctra. a Monteverde km 3, vor CASEM | Tel. 26 45 61 20 | www.tramonticr.com | tgl. 11.30–22 Uhr | €€

Tree House Restaurant & Café

▸ S. 29

EINKAUFEN

CASEM ▸ S. 40

SERVICE

AUSKUNFT

www.monteverdeinfo.com | www.monteverdecostarica.info

LA FORTUNA UND ARENAL

A 1

5700 Einwohner

Der zusammen mit dem Poás und dem Irazú zu den berühmtesten Vulkanen Costa Ricas gehörende Arenal dominiert weithin sichtbar die Ebene. Zahlreiche private Naturschutzgebiete sind rund um den Berg entstanden. Landesweit bekannt sind auch die 35 bis 45 Grad heißen Quellen, »termales« genannt, von denen einige, als »balnearios« ausgebaut, zu einem gleichermaßen entspannenden wie der Gesundheit dienenden Bad verlocken. Ticos wie Besucher lieben diese einzigartigen Wellnessanlagen, von denen die größten bis zu zehn Pools mit unterschiedlichen Temperaturen besitzen.
In der nahen Stadt La Fortuna de los Carlos finden sich auch zahlreiche preiswerte Hotels, während zwischen der Stadt und dem Vulkan sich teilweise außergewöhnliche Lodges, Landhotels mit bis zu fünf Sternen, etabliert haben, allesamt mit Vulkanblick.

SEHENSWERTES

Arenal EcoZoo

In dem von Victor Quesada gegründeten Zoo für Reptilien begegnet man Dutzenden von Schlangenarten, untergebracht in aufwendig gestalteten Terrarien. Bei einer Führung durch den Tiergarten sieht man zudem einheimische Amphibien, Kaimane, Schildkröten und Insekten und einen den Schmetterlingen vorbehaltenen Bereich. Zum Schluss stattet man dem Restaurant El Balcón del Castillo einen Besuch ab, nicht zuletzt, um den grandiosen Blick auf Arenalsee und Vulkan zu genießen.
El Castillo | Tel. 24 79 10 58 | www.arenalecozoo.com | tgl. 8–19 Uhr | 16 US-$, Kinder 10 US-$

Butterfly Conservatory

Der US-Amerikaner Glenn Baines gründete das am Arenalsee gelegene Naturschutzprojekt auf einer von ihm Anfang 2000 erworbenen Ranch mit

Der Turm der katholischen Kirche in La Fortuna de San Carlos konkurriert mit dem Vulkan Arenal (▶ MERIAN TopTen, S. 86), doch dieser dominiert die gesamte Gegend.

dem Ziel, das beste »Learning Center« für Schmetterlinge in Costa Rica zu werden. Bei einem (geführten) Rundgang durch die tropische Anlage mit ihren Dutzenden von Schmetterlingsarten in diversen Stadien ihrer Entwicklung, dem Besuch des »Froschhauses«, des botanischen Gartens und eines Insektenmuseums entwickelt sich Achtsamkeit für die Natur – ganz nach Wunsch des Gründers.

El Castillo | Abzweig 9 km ab Ctra. a Tilarán | Tel. 24 79 11 49 | www.butterflyconservatory.org | tgl. 8–16 Uhr | 14 US-$, Kinder 10 US-$

Catarata Río Fortuna

Feiner Wassernebel erfrischt die Luft, und der Anblick, wenn man sich nach einer Wanderung dem Wasserfall inmitten des Urwalds nähert, ist eindrucksvoll: Aus 70 m Höhe füllt ein kräftiger Wasserstrahl mit tosender Gewalt ein Becken, umgeben von blühenden Bäumen, Bromelien und Farnen. Wen das kalte Wasser nicht schreckt, der entledigt sich seiner Kleidung und springt hinein ins erfrischende Nass.

Diagonal 30, 5,5 km südwestl. von La Fortuna | Tel. 24 79 83 38 | www.arenaladifort.com | tgl. 8–14 Uhr | 10 US-$

3 Laguna de Arenal

Die lang gezogene, 88 qkm große Laguna de Arenal ist ein in den 1970er-Jahren geschaffener Stausee und der größte Binnensee Costa Ricas. Herausragend ist seine Lage zu Füßen des gleichnamigen Vulkans und nahe den Monteverde-Nebelwäldern. Aufgrund der hier herrschenden hohen Windgeschwindigkeiten ist der Arenalsee ein international bekanntes Windsurf-Revier.

Parque Nacional Volcán Arenal

Der 12 000 ha große, 1995 geschaffene Nationalpark ist bekannt für seine außerordentliche Artenvielfalt, u. a. wurden 400 Vogelarten registriert; zahlreiche Affen- und Faultierarten leben im Park. Besuchern bietet das Gebiet eine Reihe von kürzeren, 2 bis 4 km langen Trails. Als besonders schön gilt ein Rundwanderweg, der an der Arenal Observation Lodge, der einzigen Unterkunft im Nationalpark mit schönem Restaurant, beginnt und zu einem Wasserfall führt. Sportlich herausfordernder ist der 8 km lange Cerro Chato Sendero, der ebenfalls beim Hotel beginnt und zum direkt neben dem Arenal liegenden Vulkan Cerro Chato führt, sowie zu dessen von dichter Vegetation umgebenen Kratersee in 1100 m Höhe.

Ctra. 142 al Volcán | Ostufer der Laguna de Arenal | Tel. 22 00 57 14 | tgl. 8–16 Uhr | 10 US-$

3 Volcán Arenal

Bei klarem Wetter offenbart sich ein Anblick, den man so schnell nicht wieder vergisst. Mit seiner perfekten Kegelform überragt der 1633 m hohe Vulkan die Landschaft, um seine Spitze bildet sich mitunter eine Wolkenkrone: ein nahezu mystischer Anblick, der die Erhabenheit der Natur eindrucksvoll vor Augen führt.

Der Vulkan Arenal will mit Respekt behandelt werden, denn er gehört zu den aktivsten Vulkanen der Erde. Auf einen plötzlichen Ausbruch im Jahre 1968 folgte eine kurze Periode der Ruhe, bis der Berg in eine Phase fortwährender Eruptionen überging, die nachts besonders eindrucksvoll zu beobachten waren. Seit 2010 herrscht äußerlich wieder Ruhe. Zu einer Reise zu diesem Vulkan, für manchen eine besondere Pilgerreise, passen gut die an seinem Fuß liegenden heißen Quellen, die von den Einheimischen »termales« und »balnearios« genannt werden. In anderen, mehr dem Transzendenten zugewandten Kulturen könnte man sie vielleicht als Geist und Körper reinigende Bäder interpretieren. In Costa Rica liebt man den Aspekt der Wellness, ganz ohne mystischen Schnickschnack.

ÜBERNACHTEN

Arenal Kioro Suites & Spa

Luxus mit Ausblick – Vom Pool aus ist der Vulkan zum Greifen nahe; sein unterer Teil ist dicht bewaldet, nach oben hin folgt graues Gestein.

Auf dem 6 ha Grundstück genießt man hier Luxussuiten mit großen, zum Vulkan ausgerichteten Whirlpools. Besonderes Highlight ist der (kostenpflichtige) Zugang zu den 6 km entfernten Hot Springs, die die frühen Einwohner Titokú, »Wasser der Götter«, nannten.

Ctra. 142 La Fortuna a Volcán Arenal, nördl. des Vulkans | Tel. 24 79 17 00 | www.hotelarenalkioro.com | 53 Suiten | €€€€

Arenal Rabfer

Familiär geführt – Persönlicher Service steht im Vordergrund des netten und gepflegten Mittelklassehotels mit Pool und Wellnessanwendungen. Gäste werden umfassend beraten, und diverse Aktivitäten und Touren können im Hause gebucht werden.

Ein leichter Wanderweg führt zum La Fortuna Wasserfall, wo eine kalte Erfrischung lockt. Unterwegs kann man verschiedene Affenarten, Papageien und sogar Tapire sehen.

La Fortuna | Calle 468, 175 m nördl. Banco Nacional | Tel. 24 79 91 87 | www.arenalrabfer.com | 19 Zimmer | €€

Central Loft

Vulkanblick vom Balkon – Auch angesichts des Preises stimmt hier alles: die angenehm einfach und komfortabel ausgestatteten und holzgetäfelten Räume, die zuvorkommenden Angestellten, die zentrale Lage und, last but not least, die Qualität des üppigen Frühstücks.
La Fortuna | Calle 472, 50 m westl. des Parque Central | Tel. 24 79 90 04 | www.hotelcentralloft.com | 11 Zimmer | €€

Linda Vista

Top Lage – Panoramablicke über den Regenwald, zum Vulkan und dem Arenalsee sind die Highlights der schönen Unterkunft mit Zimmern unterschiedlicher Größe und Ausstattung. Dazu kommen ein gepflegtes Restaurant mit Fusion Food sowie Bars und Lounges. Frühaufsteher können den herrlichen Jacuzzi und den Swimmingpool – natürlich ebenfalls mit Blick! – für sich allein genießen. Romantische Sonnenuntergänge sind oft inklusive.
El Castillo | Tel. 24 79 15 51 | www.hotellindavista.com | 20 Zimmer | €€€

Baldi Hot Springs (▶ S. 89) heißen die beliebten Thermalbäder bei La Fortuna, die man als Tagesbesucher, aber auch als Übernachtungsgast genießen kann.

Nepenthe B & B

Stil zum kleinen Preis – Vom sanft geschwungenen Pool blickt man zum 3 km entfernten Arenalsee. Mit gut gestalteten Holzmöbeln und farbenfrohen Zimmern und Cabañas mit Küchenzeile, Balkon bzw. Terrasse mit Schaukelstuhl und Liegen. Abends trifft man sich im behaglichen Restaurant Tres Cabras, tagsüber genießt man die Wellnessanwendungen im Spa.

El Castillo | Tel. 88 92 55 01 | www.nepenthe-costarica.com | 3 Zimmer und 4 Hütten | €€

ESSEN UND TRINKEN

RESTAURANTS

Don Rufino

Mit offener Bar – Moderne costa-ricanische und internationale Küche; empfehlenswert ist das Churrasco, ein typisch brasilianischer Grill, bei dem die über dem Holzkohlenfeuer gebratenen Fleischspieße immer wieder abgesäbelt werden und auf diese Weise auf einer Seite knusprig, auf der anderen weich und saftig sind. Dazu passen die angebotenen Weine, und als Aperitif muss es eine Caipirinha sein.

La Fortuna | Calle 466/Av. Central (Ctra. 142) | Tel. 24 79 99 97 | www.donrufino.com | tgl. 10–23 Uhr | €€€

Fusion Grill

Nicht nur Gegrilltes – Das Restaurant mit Bar und Café lohnt schon wegen des fantastischen Blicks auf Vulkan und See einen Besuch. Betrieben von einer costa-ricanischen Familie mit jahrzehntelanger Erfahrung im Restaurantgewerbe werden hier delikat zubereitete Speisen auf höchst ästhetische Weise angerich-

tet. Allein der Caesar Salad »Fusion Style« ist sterneverdächtig.
El Castillo | 400 m südwestl. der Schule | Tel. 24 79 19 49 | www.fusiongrillrestaurant.com | tgl. 12–22 Uhr | €€

Nene's

Regionale Küche – Das bei Einheimischen beliebte Restaurant bietet die Klassiker mittelamerikanischer Kochkunst, oft etwas fleischlastig, doch schmackhaft zubereitet und günstig. Kreativ ist man beim Mischen der Obst- und Gemüsesäfte, die in diversen Kombinationen angeboten werden.
La Fortuna | Calle 464A, 200 m östl. des Parque Central | Tel. 24 79 91 91 | tgl. 11–23 Uhr | €€

Rondorama ▸ S. 29

EINKAUFEN

Galeria Onirica

Moderne Kunst – made in Costa Rica. Zwischen all den üblichen Kunsthandwerksarbeiten bekommt man hier Anregungen für höchst originelle Objekte; teilweise sind die Preise sehr hoch, dann bleibt es beim Schauen, andere Werke sind kleiner und weniger aufwendig in der Herstellung gewesen, erklären die Verkäufer, und deshalb billiger zu erwerben. Auf Wunsch wird auch verpackt und ins Ausland geschickt.
La Fortuna | Parque Central Norte, neben dem Postamt | Tel. 24 79 85 89 | Mo–Fr 10–18, Sa 10–14 Uhr

AKTIVITÄTEN

Baldi Hot Springs

Zwei Dutzend Wasserbecken wetteifern um die Gunst der Badenden mit unterschiedlichen Wassertemperaturen. Man bleibt jeweils etwa 10 bis 15 Minuten im Wasser, ruht sich kurz aus, und als Abschluss muss es eine kalte Dusche sein – anschließend fühlt man sich wie neugeboren, und die Haut ist seidenweich.
Ctra. 142 al Volcán, 4 km nordwestl. von La Fortuna | Tel. 24 79 21 90 | www.baldihotspings.cr | tgl. 10–22 Uhr | 34 US-$

Reno's International Miniature Golf

18-Loch-Minigolf unter einem Dach.
La Fortuna | 600 m westl. Parque Central | Tel. 24 81 09 99 | www.renosminigolfcr.com | tgl. 13–21 Uhr | 12 US-$

Sky Tram

Sechs Gondeln bringen Besucher über eine Strecke von 1200 m hoch (Höhenunterschied 230 m) auf die Spitze eines Berges mit anschließendem kurzen Wanderweg. Ein Guide erklärt während der einstündigen Fahrt Fauna und Flora des Regenwaldes.
Sky Adventures Arenal Park | El Castillo, Südostufer des Arenalsees | Tel. 24 79 99 44 | www.skyadventures.travel | tgl. 8–16 Uhr | 44 US-$, Kinder 28 US-$

SERVICE

AUSKUNFT
www.fortunawelcome.com

Entspannung in den Thermalquellen 7

Wo Körper und Geist entspannen, ist der wärmende Vulkan Arenal beteiligt. Mineralhaltiges Wasser in Naturschwimmbecken wirkt wohltuend (▸ S. 14).

Im Fokus

Aussteiger und moderne Siedler

Der Zustrom aus Deutschland hält konstant an, jedes Jahr wandern mehr als 100 Deutsche nach Costa Rica aus. Eine ähnliche Zahl entscheidet sich andererseits, dem Paradies wieder den Rücken zu kehren und nach Deutschland zurückzukommen.

Mittel- und Südamerika waren bis zur Mitte des 20. Jh. nicht nur bevorzugtes Ziel von Eroberern, sondern auch von Auswandererschiffen und Flüchtlingen. Argentinien galt als klassisches Einwanderungsland. Die Zeiten haben sich geändert, und heute hat sich die Situation in den meisten Staaten Zentral- und Südamerikas umgekehrt, und eine steigende Zahl von Einheimischen will ihre von wirtschaftlicher Instabilität sowie politischen wie wirtschaftlichen Krisen geprägten Länder verlassen und in die USA bzw. nach Europa auswandern. Eine Ausnahme ist einzig Costa Rica.

Am Anfang kamen hauptsächlich sogenannte Aussteiger aus den USA und Europa, vor allem aus Deutschland, der Schweiz und Holland, unter ihnen auch viele »Gestrandete«, die vor rund 30 Jahren anfingen, ein neues Leben zu suchen. Joints und andere Drogen spielten immer wieder eine Rolle im Leben der Neuanfänger, mitunter auch zum Leidwesen der Costa Ricaner, die über das lockere Leben der »Gringos« in den Zeitungen berichteten und die die Neuankömmlinge mit Skepsis betrachteten.

◀ Das Schweizer Restaurant-Hotel Los Heroes (▶ S. 91) in Arenal.

Besonders die Westküste der Nicoya-Halbinsel am Pazifik und die Karibikküste mit Cahuita und Puerto Viejo de Talamanca waren zunächst das Ziel junger Hippies, die an den dortigen Stränden von der Hand in den Mund lebten und versuchten, sich mit touristischen Dienstleistungen, der Eröffnung kleiner Pensionen und Hotels, mit Restaurants und Cafés über Wasser zu halten.

HIPPIES UND AUSSTEIGER

Lang ist das her, und mittlerweile trifft man bereits die nächste Generation der einst Ausgewanderten an. Die einstigen Blumenkinder erwarben günstig große Grundstücke, teilweise mit einfacher Cabaña, einem Holzhaus im lokalen Stil, und wurden auf diese Weise zu Grundbesitzern mit allen costa-ricanischen Rechten. Andere investierten größere Beträge und eröffneten schicke Gästehäuser, mitunter als Teil einer Finca, eines costa-ricanischen Landgutes. Auch wurden von den Auswanderern Reiseagenturen gegründet, die sich an Touristen aus Europa und den USA wandten, auch Sprachschulen und Yoga-Studios, und heute zunehmend Zipline-Parks und Agenturen für Aktiv-Tourismus. Nach wie vor gehören zu den bevorzugten Orten der Auswanderer die Pazifikküste der Nicoya-Halbinsel, das Valle Central und die Karibikküste.

DIE KLEINE SCHWEIZ

Mitunter fühlt man sich bei Auswanderern und europäischen Hoteliers ganz wie in deren alter Heimat, beispielsweise wenn man umgeben ist von braun-weiß gescheckten Kühen auf bergigen Blumenwiesen, am Wege eine kleine Kapelle mit leuchtenden Glasfenstern und Freskenmalereien und tief im Tal ein kleiner See in tiefem Blau leuchtet. Das Hotel im Alpenstil gehört dem schweizerisch-costa-ricanischen Ehepaar Franz Ulrich und Silena Moncada de Ulrich. Bereits 1963 kam Ulrich nach Mittelamerika, baute für eine lokale Kaffeefirma erfolgreich den Export nach Europa auf, arbeitete später für das Fernsehen und managte eine costa-ricanische TV-Station, bis er sich zusammen mit seiner Frau – die mittlerweile perfekt Hochdeutsch wie auch Schwyzerdeutsch spricht – entschloss, am Arenalsee etwa 200 ha Land zu kaufen und es mit Milchwirtschaft und einem Hotel zu probieren. Die schweizerische Enklave erreicht man heute mit einer Schmalspurbergbahn, die über mehr als

3 km von der eigens errichteten kleinen Station »La pequeña Helvecia« nach oben führt. Mittlerweile gibt es sogar ein rotierendes Panoramarestaurant, in dem Schweizer Rösti und Bündner Fleisch serviert werden.

AUSWANDERN HEUTE

Für das Auswandern gibt es mannigfaltige Gründe: Dem einen sind die Lebenshaltungskosten daheim zu hoch, evtl. ist er sogar arbeitslos, der Nächste möchte die langen europäischen Winter gegen sonnige Palmenstrände eintauschen, und für wieder andere sind es umwelt- oder politisch motivierte Gründe, etwa weil man in einem Land ohne Militär leben will, in einer Demokratie, deren ehemaliger Präsident Friedensnobelpreisträger ist.
Einwanderung ist in Costa Rica nach wie vor möglich. Als stabile Demokratie, die alle Bürgerrechte garantiert und im Vergleich mit anderen mittelamerikanischen Ländern relativ sicher ist, lockt das kleine Land abenteuer- und unternehmungslustige Menschen aus aller Welt. »Das Klima ist tropisch, die Bürokratie träge, doch das Gesundheitssystem hervorragend«, bringt es so mancher Ausgewanderte auf den Punkt. Etwas Kleingeld muss man allerdings mitbringen. Rentner oder Pensionäre müssen bestimmte regelmäßige Bezüge nachweisen, derzeit ca. 1000 US-Dollar pro Monat, um eine Daueraufenthaltsgenehmigung (»residencia«) zu erlangen. Wer noch im Berufsleben steht, muss hingegen ein Einkommen im Ausland von 2500 US-Dollar pro Monat nachweisen oder mindestens 200 000 US-Dollar zur Verfügung haben, die für ein genehmigtes Tourismus-Projekt oder ein anderweitig begünstigtes Unternehmen verwendet werden, um eine Aufenthaltsgenehmigung zu erhalten. Einen Bonus genießen mitunter auch deutsche Fachkräfte, die in dem mittelamerikanischen Land hohes Ansehen bei der einheimischen Bevölkerung und bei Unternehmen genießen und relativ leicht eine Arbeitsstelle finden können. Zwar sind die Gehälter in Costa Rica niedriger als in Europa, doch auch die Lebenshaltungskosten sind weniger hoch.

IMMOBILIEN AM STRAND ODER AUF DEM LAND

Für den Bau eines einfachen, frei stehenden Hauses mit rund 100 qm können etwa 50 000 € veranschlagt werden, in der Luxusklasse zahlt man schnell ein Vielfaches. Die Webseite costa-rica-immo.com ist für Auswanderungswillige ein traumhaftes Bilderbuch, das, verteilt auf das ganze Land, Dutzende von gepflegten, frei stehenden Häusern vorstellt. Die Beschreibungen klingen vielversprechend, etwa wenn vom Swimmingpool im tropischen Garten die Rede ist, und die Bilder tun ihr Übriges. Nicht

nur Häuser kann man erwerben, auch den Traum von einer Luxusvilla kann man sich erfüllen. Diese werden in ständig steigender Zahl erbaut und auf dem Markt gehandelt, die Preise starten bei 300 000 Euro für ein strandnahes Anwesen mit luxuriöser Ausstattung in gesuchter Lage, ein Preis, für den man in deutschen Städten kaum noch eine vernünftige Eigentumswohnung erwerben kann.
Energie und Begeisterung braucht es, wenn man als Aussteiger gleich zum Farmer werden will. In der Rubrik »Farm« wird gar differenziert nach »Bio-Organic«, »Selbstversorger« und Agrarland-Farmen, Anwesen, die zwischen 40 und 200 ha groß sind und die man mitunter gleich mit Viehherden erwirbt. Wer Meeresblick nicht missen will, für den sind Liegenschaften mit Privatstrand und einem Urwald im Angebot.

ERFOLGREICH IN COSTA RICA

Kein Wunder, dass Einwanderer aus Europa und den USA mittlerweile das Leben in Costa Rica prägen und man als Tourist mitunter in besonderer Weise von den Neuankömmlingen profitiert, da ein Großteil von ihnen Dienstleistungen im Tourismus anbietet. Andere wiederum schaffen eine Infrastruktur für andere Auswanderer und deren Kinder. Beispielsweise die Französin Anne Aaronson, die vor mehr als zwei Jahrzehnten im beschaulichen Heredia im Valle Central ihre »European School« eröffnete, damals eine rein englischsprachige Schule. Anspruchsvoll war (und ist) die Ausrichtung nach der anthroposophischen Philosophie von Rudolf Steiner. Mit den costa-ricanischen Behörden machte die rührige Unternehmerin von Anfang an nur gute Erfahrungen, statt bürokratischer Hindernisse machte man es ihr leicht, die nötigen Genehmigungen einzuholen. Verheiratet ist die Französin mit Steve Aaronson, dem US-amerikanischen Gründer des bekannten Kaffeerösters »Café Britt«. Der immense Erfolg des Unternehmens und der auch bei Touristen ausgesprochen hohe Bekanntheitsgrad ist zu großen Teilen Aaronson zu verdanken, der sich inzwischen als Präsident zurückgezogen hat. »Wir arbeiten mit den Kreuzfahrtunternehmen, Autoverleihfirmen, Hotels und Reiseagenturen«, verkündete selbstbewusst der Unternehmer, dessen typisch US-amerikanische Marketingstrategien ihm dazu verhalfen, zu einem der finanziell erfolgreichsten Einwanderer Costa Ricas zu werden. Der aus New York stammende Aaronson kam 1985 als Kaffee-Broker von Ecuador nach Costa Rica, heute beschäftigt das weltweit operierende Unternehmen über 250 Angestellte bei einem zweistelligen Millionenumsatz beim Kaffeeverkauf.

ZENTRALES HOCHLAND MIT SAN JOSÉ

Vulkane und Kaffeeplantagen, pittoreske Dörfer und Orchideengärten, von Natur umgebene kleine Pensionen und eine vor Vitalität brodelnde Hauptstadt: Im zentralen Hochland zeigt sich Costa Rica von seiner vielfältigen Seite.

Die Bezeichnung Valle Central (Zentraltal) für das Hochland Costa Ricas ist nicht ganz richtig, denn statt eines Tals handelt es sich um eine Hochebene von etwa 50 km Länge und 20 km Breite, eine landschaftlich äußerst vielseitige Gegend voller Täler und Höhen, verbunden durch kurven- und steigungsreiche Straßen.

ZENTRUM DES LANDES

Kaum ein Weg führt am zentralen Hochland vorbei. Als Wiege Costa Ricas und nach wie vor bedeutendes Zentrum des Landes zieht das zentrale Hochland heute viele Besucher an. Hier liegt San José, nach wie vor die einzige Metropole des Landes, mit den bedeutendsten Wirtschafts-

◀ Abendstimmung über der Innenstadt der Hauptstadt San José (▶ S. 96).

institutionen, Museen und Universitäten. Das zunächst wenig attraktive Äußere der Stadt, ihr Verkehrschaos geraten schnell in den Hintergrund, und mit dem historischen Amón-Viertel (Barrio Amón) zeigt sich San José von seiner schönsten Seite.
Weit muss man nicht fahren, um ins Herz des costa-ricanischen Kaffeeanbaus zu gelangen, um zu sehen, wie die leuchtend grünen Plantagen die Landschaft prägen. Hier gilt es, das bezaubernde Orosí-Tal zu entdecken: Kleine Kirchen, rot gedeckte Häuser, rustikale Lodges prägen die kleinen Dörfer, die nach wie vor von alten Traditionen geprägt sind und in denen der Tourismus kein Massengeschäft ist, sondern sich von seiner individuellen angenehmen Seite zeigt.

LIEBENSWERTE KLEINSTÄDTE

Mit den beschaulichen Kleinstädten Heredia, Alajuela und Cartago liegen im Valle Central weitere sehenswerte Ziele. Besonders die alte Kolonial- und frühere Hauptstadt Cartago wird von der Bevölkerung verehrt, beherbergt sie doch in ihrer Basilika den größten Schatz für die Gläubigen, eine heilige Marienstatue. Leider wurde die Stadt selbst vom Erdbeben beschädigt. Das präkolumbische Guayabo (▸ S. 104) wiederum ist Costa Ricas größte archäologische Stätte: 3000 Jahre alte Überbleibsel einer noch heute rätselhaften untergegangenen Kultur.

BEEINDRUCKENDE VULKANE

Allem Irdischen enthoben thronen die beiden **Vulkane Irazú** 8 und **Poás** 9 in den Wolken, zu ihren Füßen wurden großartige Nationalparks geschaffen, in denen sich eine intakte Tier- und Pflanzenwelt zeigt. Ein langsamer Rhythmus prägt das Leben, Feste werden gefeiert wie seit alters her, kulinarische Traditionen werden hochgehalten. Auch das Wetter zeigt sich von seiner schönsten Seite. Mit ganzjährig frühlingshaften Temperaturen ist hier immer Saison, und dank geringer Entfernungen und guter Verbindungen können zahlreiche bedeutende Sehenswürdigkeiten des Landes in wenigen Tagen besucht werden.

SAN JOSÉ

D3

Stadtplan ▶ Klappe hinten

350 000, mit Vororten 1,5 Mio. Einwohner

Straßen im Schachbrettmuster, niedrige Bebauung und dazwischen einige wenige schön restaurierte koloniale Bauwerke: Die Hauptstadt ist auf den ersten Blick wenig reizvoll, aber als einzige Metropole und Zentrum des Landes für viele Ausgangspunkt ihrer Reise. Auf einer Höhe von 1170 m gelegen, schwankt die Temperatur im Jahresdurchschnitt kaum, liegt tagsüber bei frühlingshaften 20 Grad, die Nächte können hingegen recht kühl werden.

Wer von San José nichts erwartet, kann auch nicht enttäuscht werden. Die unter Luftverschmutzung leidende Hauptstadt zeigt sich mit ihren von Verkehrsstaus betroffenen Straßen und den niedrigen, schnell errichteten Häusern wenig anziehend. Wer sich hier auskennt, findet dennoch seine Oasen. Und das ist auch gut so, denn an San José führt oft kein Weg vorbei: Die bedeutendsten Verkehrsrouten führen durch die Hauptstadt, hier haben alle wesentlichen Institutionen aus Politik, Wirtschaft und Kultur ihren Sitz, und als Shopping-Destination ist die Metropole besonders bei Mittelamerikanern durchaus beliebt.

Wichtig ist es, ein ruhiges, gepflegtes Stadthotel zu wählen, wenn man hier ein paar Tage verbringen will. Neben einigen Museen und Sehenswürdigkeiten, die man unbedingt gesehen haben sollte, liegen gleich außerhalb reizvolle Orte, die man in Tagesausflügen besuchen kann. Gestiegene Kriminalität lässt es besonders in der Hauptstadt ratsam erscheinen, Wertsachen im Hotel zu lassen, außerhalb des Zentrums nach Einbruch der Dunkelheit nicht unterwegs zu sein und sich insgesamt umsichtig zu bewegen.

Obwohl die Orientierung angesichts der schnurgerade verlaufenden Straßen einfach sein könnte, machen fehlende Haunummern mitunter die Adressensuche beschwerlich. Generell gilt: Straßen, die in Ost-West-Richtung verlaufen, sind Avenidas, solche in Nord-Süd-Richtung heißen Calles.

SEHENSWERTES

1 Parque Zoológico y Jardín Botánico Nacional Símon Bólivar

Garant für einen lehrreichen Tag in grüner Umgebung ist dieser schöne Zoo. In der weitläufigen, von tropischen Bäumen und Pflanzen geprägten Anlage, in der man auch Jaguare, gewaltige Schildkröten und andere in Costa Rica und Lateinamerika lebende Tiere zu sehen bekommt, finden ganzjährig kulturelle Aufführungen statt, machen diverse Veranstaltungen mit der Bedeutung des sensiblen Ökosystems Regenwald vertraut und schaffen Verständnis und Achtsamkeit für die Natur. Es gibt u. a. auch einen See (Laguna del Parque Bólivar) und ein Museo Histórico Agrícola, untergebracht in historischen Bauernhäusern, das die landwirtschaftliche Arbeit des vergangenen Jahrhunderts zeigt.

Calle 13 | 300 m nördl. des Kiosk Parque Morazán | Tel. 22 33 67 01 | www.fundazoo.org | tgl. 9–16.30 Uhr | 2500 Colones, Kinder 1800 Colones

4 Teatro Nacional de Costa Rica

Ohne Übertreibung die bedeutendste Sehenswürdigkeit der Stadt. Das klassische Bauwerk im Herzen von San José

Schon das Gebäude des Teatro Nacional (► MERIAN TopTen, S. 96) in San José ist einen Besuch wert. Hier kommen Theaterstücke, Tanzaufführungen und Konzerte auf die Bühne.

wurde 1897 nach dem Vorbild der Pariser Oper von italienischen und costaricanischen Architekten erbaut. Nach wie vor gilt das Bauwerk als prächtigstes Theater Zentralamerikas. Um die Entstehung des Theaters rankt sich eine amüsante Geschichte: Nachdem die zur damaligen Zeit berühmte italienische Sopranistin Adelina Patti sich weigerte, in San José aufzutreten, da es hier nicht mal ein Theater gäbe, öffneten die Kaffeebarone ihre Portemonnaies und spendeten so viel, dass es in nur acht Jahren zum Bau des Theaters reichte. Werfen Sie unbedingt einen Blick auf das Deckengemälde im Treppenhaus des Bauwerks: Es findet sich auch auf dem zwar fast wertlosen, aber wunderschönen 5-Colones-Schein (► S. 30).

Calle 3–5/Av. 2 | Tel. 22 21 53 41 | www.teatronacional.go.cr

MUSEEN UND GALERIEN

2 Museo de Arte Costarricense

Das MAC, wie das Museum genannt wird, ist untergebracht in einem prachtvollen Gebäude mit mehrstöckigem Türmchen, schneeweiß gestrichen und von viel Grün umgeben. Als be-

Im Museo del Oro Precolombino (▶ S. 99) lassen sich viele Künstler zu modernen Kreationen inspirieren, aber auch Replikate sind im gut sortierten Shop zu bekommen.

deutendster Ausstellungsort für zeitgenössische Kunst hat man hier Gelegenheit, mit den Werken costa-ricanischer wie mittel- und südamerikanischer Künstler vertraut zu werden. Neben einer Ausstellung von Bildern einheimischer Maler (Arte Nacional) lohnt der Besuch des dem Multitalent Juan Manuel Sánchez (1907–1990) gewidmeten Bereichs, dessen Werke künstlerisch wie spirituell aus den indigenen Wurzeln Lateinamerikas schöpfen.

Calle de la Sabana/Calle 42 (Ostseite des Parque La Sabana) | www.musarco.go.cr | Di–Do 9–16 Uhr | Eintritt frei

3 Museo de los Niños

Dieses Museum beflügelt Kinderfantasien, denn es befindet sich in einem ehemaligen Gefängnis, das einer Festung gleicht. Drinnen ist das oberste Prinzip das »Anfassen-Dürfen«. Anhand kindgerechter Exponate wird die Entwicklung der Technik verständlich dargestellt, sodass sogar die Eltern gerne einmal mitspielen. Zur Geschichte des Wohnens in Costa Rica werden ein präkolumbisches Hüttendorf, bunte karibische Holzhäuser und eine moderne Wohnung präsentiert, in denen die jungen Besucher herumlaufen dürfen und sogar die Betten ausprobieren können. In dem schönen Gebäudekomplex aus dem 19. Jh. – Centro Costarricense de la Ciencia y la Cultura – wurde auch die Nationalgalerie für zeitgenössische Kunst etabliert. Hier kann man sich inspirieren lassen, wenn einem San José zu laut geworden ist: Hervorragende Ausstellungen zeigen die ganze Vitalität und Leuchtkraft lateinamerikanischen Kunstschaffens, daneben gibt es wechselnde Ausstellungen internationaler Maler.

Calle 4/Av. 9 | Tel. 22 58 49 29 | www.museocr.org | Di–Fr 8–16.30, Sa, So 9.30–17 Uhr | 2200 Colones, Kinder 2000 Colones

4 Museo del Jade y de la Cultura Precolombina

Das Jademuseum zog in ein 21 Mio. US-Dollar teures fünfstöckiges Gebäude an der Westseite der Plaza de la Democracia, in dem jetzt jedes einzelne Stück seiner 6889 Schätze zu sehen ist. Wer bislang zu bequem war, den umständlichen Weg auf sich zu nehmen, hat jetzt kaum noch eine Ausrede. In sechs Ausstellungssälen kann man sich inspirieren lassen vom Kunstschaffen längst untergegangener Völker – gemeinsam mit den Ticos, die in allen Medien über das neue großartige Museum berichteten.

Av. Central/Calles 11–13, Westseite der Plaza de la Democracia | Tel. 22 87 60 34 | tgl. 10–17 Uhr | 15 US-$

5 Museo del Oro Precolombino

Mit dem präkolumbischen Goldmuseum besitzt San José einen einzigartigen Schatz, denn hier, in einem unterirdischen Museumskomplex, unterhalten von der darüber liegenden Banco Central, sind zum Teil jahrtausendealte Gold-Artefakte versammelt, die zu den schönsten und wertvollsten ihrer Art in ganz Lateinamerika gehören. In gläsernen Vitrinen ausgestellt sind etwa 1600 Schmuckstücke und kleine Figuren, darunter detailgetreu gefertigte Frösche und Insekten ebenso wie Tänzerinnen und mythische Figuren, die zwischen 500 v. Chr. und dem 16. Jh., nämlich der Ankunft der Spanier, hergestellt wurden. Viel Aufsehen erregt eine lebensgroße Goldstatue, die einen Krieger zeigt und El Guerrero genannt wird. Angeschlossen ist das Numismatische Museum (Museo Numismático), in dem Münzen aus diversen Epochen der Landesgeschichte ausgestellt sind.

Unter der Plaza de la Cultura, Av. Central/Calle 5, Eingang Calle 5 | www.museosdelbancocentral.org | tgl. 9–17 Uhr | 12 US-$

6 Museo Nacional de Costa Rica

Ein Besuch im Nationalmuseum vermittelt einen breit gefächerten Eindruck von Costa Ricas Kultur und Geschichte: Neben einer präkolumbischen Abteilung gibt es kolonialzeitliche Möbelstücke und Gemälde zu sehen, und in der Geschichtsabteilung werden – didaktisch gut aufbereitet – die Auswirkungen der Kolonialzeit auf Land und Leute kritisch diskutiert. Schulkinder bekommen die Nobelpreisurkunde des Präsidenten Oscar Arias von 1987 zu sehen. Im Garten des Museums sind einige präkolumbische Steinkugeln (▶ S. 150) ausgestellt.

Plaza de la Democracia | Av. Central 2/Calle 15 | www.museocostarica.go.cr | Di–So 8.30–16.30 Uhr | 8 US-$

ÜBERNACHTEN

5 Fleur de Lys

Schweizer Gastfreundschaft – Das auffällige, lavendelfarbene Gebäude im viktorianischen Stil wird engagiert und professionell betrieben von den europäischen Eigentümern. Von den anheimelnden Zimmern mit schmiedeeisernen Betten, dem hervorragenden Restaurant Obelisco, in dem morgens ein üppiges Frühstück serviert wird und abends moderne Landesküche, bis zur Hotelbar: nicht nur zur Happy Hour empfehlenswert. Mit bewachtem Parkplatz.

Calle 13/Av. 2–6 | Tel. 22 23 12 06 | www.hotelfleurdelys.com | 31 Zimmer | €€

6 Gran Hotel

Wohnen im Denkmal – Das 1930 gegenüber dem Nationaltheater erbaute Hotel gehört zu den Wahrzeichen der Stadt und war einst erste Adresse für Politiker und wohlhabende Kaffeebarone. Komfortabel und klassisch eingerichtete Zimmer, ein Wellnessbereich, in dem Reflexzonenmassagen die Anstrengungen des Fluges vergessen machen, und ein stimmungsvolles Terrassenrestaurant, in dem beste Landesküche serviert wird, sind das, was neu ankommende Gäste außer der zentralen Lage an diesem Hotel schätzen.

Av. 2/Calle 3 | Tel. 22 21 40 00 | www.granhotelcostarica.com | 107 Zimmer | €€€

7 Grano de Oro

Boutiquehotel mit Dachgarten – Für viele das schönste Hotel der Stadt. Der von den Besitzern Lori und Eldon Cook aufwendig restaurierte Stadtpalast bietet perfekt gepflegte Zimmer und Suiten, einige mit privatem Patio und Whirlpool. Ansonsten steht die Dachterrasse mit zwei weiteren Jacuzzis für die Hotelgäste bereit. Das gleichnamige Restaurant ist Treffpunkt der Hauptstadt-Society. Gut zu wissen: Die Inhaber engagieren sich für das von ihnen initiierte Projekt Casa Luz, das schwangere Teenager und junge Mütter unterstützt.

Calle 30 no 251/Av. 2–4, 1,5 Blocks südl. des Paseo Colón | Tel. 22 55 33 22 | www.hotelgranodeoro.com | 40 Zimmer | €€€

8 Radisson

US-amerikanischer Stil – Das äußerlich eher enttäuschende 5-Sterne-Haus bietet freundlich und luxuriös ausgestattete Zimmer, einen von tropischem Grün umgebenen Außenpool sowie einen beheizten Indoor Pool. Das Restaurant Acuarelas serviert internationale Küche, im Café wird jeden Morgen ein üppiges Frühstücksbüfett aufgebaut, das seinesgleichen sucht.

Calle Central/Av. 15 | Tel. 20 10 60 00 | www.radisson.co.cr | 210 Zimmer | €€€

ESSEN UND TRINKEN

RESTAURANTS

9 Donde Carlos

Hippes Ambiente – Für argentinische Steaks und andere Barbecuegerichte die richtige Adresse. Das in einem umgebauten Wohnhaus auf zwei Etagen und mit Dachterrasse edel gestylte Restaurant überzeugt durch hervorragenden Service. Tipp: Platz lassen für Apple Crumble mit Karamelleis als Dessert.

Los Yoses, 100 m nördl. der Fátima-Kirche | Tel. 22 25 08 19 | www.dondecarlos.com | Mo, Di 12–15, Mi, Do

So schön: das Hotel Grano de Oro (▶ S. 100) ist zentral, aber ruhig gelegen und bietet eines der besten Restaurants von Costa Rica mit europäisch-tropischer Fusion-Küche.

18.30–22.30, Fr 12–15, 18.30–23, Sa 12–23, So 12–19 Uhr | €€€

10 Machu Picchu

Beste peruanische Küche – Als Aperitif gönnt man sich einen Pisco Sour, danach eine »sopa de Mariscos« nach Art des Andenstaates oder gegrillte Garnelen. Oder eines der würzigen Reisgerichte. Als Dessert muss es jedenfalls ein Kaffee Machu Picchu sein, gereicht mit Alfajores-Plätzchen.

Calle 32/Av. 1–3 | Tel. 22 22 73 84 | www.restaurantemachupicchu.com | tgl. 11–15, 18–22 Uhr | €€

11 Neshuma

Vegetarisch erfolgreich – Vegetarische Restaurants sind in Costa Rica bei den Einheimischen weniger beliebt, doch dieses Lokal ist auch bei Ticos sehr gefragt. Das liegt auch an seinem breiten Angebot: Pizza frisch aus dem Holzofen, italienische Pasta und üppige Wraps, Vollwert-Sandwiches und vegetarische Sushi sowie asiatische Nudelgerichte. Auch laktose- und glutenfreie Gerichte sind zu haben.

Plaza Comercial San Pedro, gegenüber Mundo Loco | Tel. 22 24 17 00 | Di–Sa 11.30–23, Do 11.30–21 Uhr | €€

Auch von außen ist das Teatro Nacional (▶ MERIAN TopTen, S. 96) an der Plaza de la Cultura eine Augenweide. Es wurde 1897 mit Goethes »Faust« eröffnet.

⑫ Restaurant 1930 ▶ S. 28

⑬ Tin Jo

Seit 1972 – Chinesische, philippinische, koreanische, indische und malaysische Gerichte – was nach zu großer Vielfalt klingt, wird bei Tin Jo bravourös gemeistert, und wenn man hier isst, schmeckt man, warum das Restaurant seit seiner Eröffnung zum einem der beliebtesten der Stadt wurde. Selbst Sushi schmecken hier hervorragend.

Calle 11/Av. 6–8 | Tel. 22 21 76 05 | www.tinjo.com | Mo–Sa 11.30–14.30, 18–22, So 12–21 Uhr | €€

CAFÉS

⑭ Café Teatro

Marmortische und vergoldete Spiegel im Foyer des Nationaltheaters, dazu klassische Musik und jede Menge Kunst an den Wänden. Dazu passen Café con leche und Schokoladen-Crêpes hervorragend.

Teatro Nacional | Av. 2/Calles 3–5 | Tel. 20 10 11 11 | www.teatronacional.go.cr | €–€€

EINKAUFEN

GESCHENKE

Biesanz Woodworks ▶ S. 40

MÄRKTE

15 **Mercado Central** ▶ S. 40

16 **Plaza de la Cultura** ▶ S. 39

MODE

J. Lang Atelier & Showroom ▶ S. 41

KULTUR UND UNTERHALTUNG

17 Teatro Popular Melico Salazar

Das prächtige Gebäude aus 1927 mit Balkonen und vielen Verzierungen im Zuckerbäckerstil gehört nicht nur zu den schönsten kolonialen Bauwerken der Stadt, sondern neben dem Nationaltheater zum wichtigsten Aufführungsort des Landes für anspruchsvolle Konzerte, Theaterstücke und Tanzvorführungen. Die Restaurierungskosten wurden zu einem großen Teil von der Bundesrepublik Deutschland übernommen.

Calle Central | Tel. 22 95 60 32 (Kasse) | www.teatromelico.go.cr

SERVICE

AUSKUNFT

ICT-Touristeninformation

▶ Klappe hinten, nordwestl. a 1

Instituto Costarricense de Turísmo | Ctra. General Cañas | Ostseite der Juan-Pablo-Brücke | Tel. 22 99 58 00 | www.visitcostarica.com | Mo–Fr 8–16 Uhr

Ziele in der Umgebung

ALAJUELA D3

50 000 Einwohner

Die in der Nähe des Hauptstadtflughafens liegende Stadt hat beschauliches kleinstädtisches Flair. Im Schachbrettmuster angelegte Straßen und der im Zentrum liegende Parque Central verraten kolonialzeitliche Herkunft. Auf den Parkbänken und unter den hohen Palmen sitzen gern ältere Bürger der Stadt, die sich zum täglichen Plausch versammeln. Sie schauen an der Ostseite auf die eindrucksvolle Basilika de la Immaculada Concepción (Basilika der Unbefleckten Empfängnis), deren dicke Mauern auch dazu beitrugen, den zahlreichen Erdbeben zu trotzen.

22 km nordwestl. von San José

SEHENSWERTES

El Mundo de las Serpientes

Die von zwei österreichischen Fachleuten gegründet »Welt der Schlangen« fasziniert als ein zoologischer Garten, der ganz und gar diesen Reptilien gewidmet ist. Mit mehr als 80 unterschiedlichen Schlangenarten ist sie eine der weltweit größten Einrichtungen, in der die Tiere in Terrarien gezeigt werden, und wo man sich bemüht, gefährdete Arten bei der Brut zu unterstützen.

Grecia, 1,5 km östl. an der Straße nach Alajuela | Tel. 24 94 37 00 | www.theworldofsnakes.com | tgl. 8–17 Uhr | 12 US-$

MUSEEN UND GALERIEN

Museo Histórico Cultural Juan Santamaria

Juan Santamaria, einem Nationalhelden Costa Ricas, ist dieses kleine Museum gewidmet. Es ist unterbracht in einem schönen historischen Gebäude und zeigt allerlei Exponate aus dem Leben des Freiheitskämpfers sowie Objekte aus der damaligen Epoche, an deren Ende die Unabhängigkeit des Landes stand.

Av. 1/Calle 2 (am Parque Central) | Tel. 24 41 47 75 | www.museojuansantamaria.go.cr | So–Do 10–18.30 Uhr | Eintritt frei

ÜBERNACHTEN

Xandari Resort & Spa ▶ S. 25

CARTAGO D 3

35 000 Einwohner

Die Hauptstadt der gleichnamigen Provinz liegt in 1430 m Höhe am Fuß des Vulkans Irazú und war von ihrer Gründung (1563) bis zur Erreichung der Unabhängigkeit 1821 Sitz des spanischen Gouverneurs und bis 1823 Hauptstadt von Costa Rica. Mehrere Erdbeben, zuletzt im Jahre 1910, und Vulkanausbrüche, zuletzt 1963, setzten der Stadt schwer zu und hinterließen noch heute sichtbare Schäden. Landesweit bekannt ist Cartago auch als Ort, in dem eine von Christen als heilig verehrte Figur aufbewahrt wird. Höhepunkt der hingebungsvollen Verehrung ist der 2. August, wenn die Stadt mit ihrer Basilika Ziel unzähliger Pilger aus dem ganzen Land und ganz Zentralamerikas wird. »La Negrita«, die Schwarze Madonna, Schutzheilige des Landes, ist für Gläubige von unschätzbarem Wert, da sich auch um die Entstehung der kleinen Figur wundersame Geschichten ranken.

24 km östl. von San José

SEHENSWERTES

Basilica de Nuestra Señora de los Ángeles

Millionen von Pilgern haben sich der kleinen Schwarzen Madonna schon auf Knien genähert, auch der Präsident des Landes. Die Kirche, in der die Figur aufbewahrt wird, wurde 1639 errichtet, nachdem sich ein Wunder ereignet hatte: Der jungen Indigena Juana Pereira zeigte sich beim Feuerholzsuchen wiederholt die Schwarze Madonna, »La Negrita«, als steinerne Figur. Das Mädchen nahm die kleine Skulptur mit nach Hause, wo diese verschwand und an der Stelle des ursprünglichen Fundortes wieder auftauchte, ein Ereignis, das sich mehrfach wiederholte. Die heutige Basilika wurde im byzantinischen Stil zwischen 1912 und 1930 erbaut – die Figur indessen ist jene, die Juana Pereira fand. 1983 betete Papst Johannes Paul II. zu ihren Füßen.

Av. Central-1/Calle 15 | www.santuario nacional.org | tgl. 6–18 Uhr

Las Ruinas (de la Iglesia de Santiago Apostol)

Die Franziskanerkirche wurde zwischen 1577 und 1580 erbaut. Ihr Neubau im romanischen Stil (1870) geht auf den deutschen Architekten Franz (Francisco) Kurtze zurück, doch ein Erdbeben im Jahre 1910 zerstörte das Bauwerk. Im Portikus sieht man die Freiheitsglocke von 1821.

Ostseite der Plaza Mayor

MUSEEN UND GALERIEN

Museo Municipal de Cartago

Das städtische Heimatmuseum zeigt in einem Gebäude von 1914 Exponate zur wechselvollen Geschichte, liebevoll zusammengetragen und umfassend beschriftet und kommentiert.

Antigua Comandancia | Av. 6/Calles 2–4 | Tel. 25 50 44 26 | Di–Sa 9–16, So 9–15 Uhr | Eintritt frei

GUAYABO 7 F 3

Die einzige bedeutsame präkolumbische Stätte Costa Ricas ist heute ein nationales Monument und wird von einem Nationalpark von 232 ha umgeben; sie liegt in 1100 m Höhe am Süd-

Die Basilica de Nuestra Señora de los Ángeles (▶ S. 104) in Cartago beherbergt die Schwarze Madonna, die wichtigste Reliquie Costa Ricas, die hingebungsvoll verehrt wird.

hang des Vulkans Turrialba. Man nimmt heute an, dass die Siedlung schon um etwa 500 vor der Zeitenwende gegründet wurde, von 300 bis 700 eine gewisse Blüte erlebte und zu Beginn des 15. Jh. rund 10 000 Einwohner besaß. Anschließend wurde die Stätte von ihren Bewohnern aus unbekannten Gründen vor Ankunft der Spanier verlassen.

Seit 1968 wird die etwa 15–20 ha umfassende archäologische Stätte ausgegraben; man legte Grundmauern, Basen von Pyramiden, Straßen, Aquädukte und steinerne Wege frei. Die Fundstücke, z. B. Keramik und Goldschmuck, werden im Nationalmuseum in San José ausgestellt.

Der Rundwanderweg »Los Montículos« führt durch den Wald und die archäologische Stätte zu Gräbern, Zisternen, Treppen, Dämmen und Kanälen.

Parque Nacional Guayabo | 19 km nördl. von Turrialba | tgl. 8–15.30 Uhr | 6 US-$
64 km östl. von San José

◎ PARQUE NACIONAL BRAULIO CARILLO D 2/3

Der 476 qkm große Nationalpark gehört zu den großartigsten des Landes.

Er wurde bereits 1978 durch umsichtige Bemühungen geschaffen und ist geprägt durch tropischen Regenwald und eine artenreiche Vegetation und Tierwelt. Gleichwohl ist es hier schwer, größere Tiere zu entdecken, da üppige Blätter und dichter Bewuchs diese unsichtbar werden lassen, selbst wenn man dicht an ihnen vorbeilaufen sollte. Drei Wege, »senderos«, führen von dem Quebrada Gonzalez Ranger Station (Ctra. 32 zwischen San José und Guapiles) genannten Eingang durch den Park, geeignet auch für wenig sportliche Besucher. Die Ctra. 32 teilt den Park, der überragt wird von dem 2900 m hohen Vulkan Barva. Braulio Carillo ist bekannt für seine Urwaldseilbahn, die sogenannte Aerial Tramway, mit der man durch das Blätterdach der Bäume fährt, sowie für die erste Öko-Lodge, die in Costa Rica erbaut wurde: Rara Avis, noch immer Synonym für Abenteuer und Naturerleben vom Feinsten.

Ctra. 32 | Tel. 22 06 55 00 | tgl. 8–16 Uhr | 7 US-$
30 km nordöstl. von San José

Wollen Sie's wagen?

Die Anfahrt in einem hölzernen Wagen, der von einem Traktor gezogen wird, startet in Las Horquetas bei Puerto Viejo de Sarapiquí am Rande des Parque Nacional Braulio Carillo. Dann geht es drei Stunden und 15 km auf einer Piste durch den Urwald, bis die Waterfall Lodge der Costa Rica Rainforest Lodge & Reserve erreicht ist, die älteste Costa Ricas. In Costa Ricas ältester Lodge gibt es Strom nur vier Stunden pro Nacht im Speisezimmer und im Büro, deshalb auch keine Klimaanlage, kein Internet oder Fernsehen. Die Zimmer sind rustikal, doch klares Wasser und die Geräusche der Natur gibt es in Hülle und Fülle. Wollen Sie die Fahrt wagen?

www.rara.avis.com | Tel. 27 64 11 11

SEHENSWERTES

Rainforest Aerial Tramway

Auf einem 475 ha großen Privatgelände, das über 10 km an den Braulio Carrillo-Nationalpark grenzt, entstanden ein Freizeit- und Naturpark mit zehn Ziplines (eine davon 700 m lang) und 14 Plattformen, ein Wanderweg mit einer Hängebrücke, ein Schmetterlings- und Froschgarten sowie die 2 km lange Aerial Tram mit 30 Gondeln, die bei ihrer Entstehung die erste überhaupt war, die in Costa Rica gebaut wurde. Sie bietet die ungewöhnliche und damals einzigartige Gelegenheit, den durch unterschiedliche Stockwerke und Vegetationen bestimmten Regenwald aus der Höhe zu erkunden.

Ctra. 32 | www.rainforestadventure | tgl. 8–16 Uhr | Tram 60 US-$, Kinder 30 US-$

VALLE UND CIUDAD DE OROSÍ

D 3

13 000 Einwohner (Stadt)

Das liebliche, von glasklaren Bächen durchzogene Tal, das an europäische Regionen denken lässt, ist mit seiner artenreichen Vegetation, den vielen seltenen Blumen und Sträuchern auch ein Paradies für Vögel und Schmetterlinge. Erst durch die vielen Kaffeeplantagen, die man im Orosí-Tal antrifft,

Im tropischen Nationalpark Braulio Carillo (▶ S. 105), einem Regenwald unweit von San José, stürzt das Wasser im Morgenlicht über mehrere Stufen in ein Becken.

merkt man, dass man sich in Mittelamerika befindet. Der Río Reventazón schlängelt sich in vielen Windungen durch das Tal, bis er dann bei Cachí gestaut wird.

40 km südöstl. von San José

SEHENSWERTES

Iglesia de San José de Orosí

Der Ort Orosí kann sich rühmen, mit der Iglesia San José de Orosí die älteste erhalten gebliebene Kirche des Landes zu besitzen. Das von Franziskanern errichtete Bauwerk stammt aus der Mitte des 18. Jh. und beeindruckt durch seinen schmucklosen, geradlinigen Stil, angefangen von der äußeren Gestaltung aus einfachen Lehmziegeln (Adobe-Ziegel) bis zur dunklen Holzverkleidung im Inneren. Ein besonderer Schatz sind die vom mexikanischen Maler Miguel Cabreras (1695–1768) angefertigten kolonialzeitlichen Gemälde. Daneben gibt es auch ein kleines, durchaus sehenswertes Museum für sakrale Kunst der Kolonialzeit; Weihrauchbehälter, silberne Kerzenständer, geschnitzte Heiligenfiguren – nicht der materielle Wert der Ausstellungsobjekte ist von Bedeutung,

Der Vulkankrater des Irazú (▶ MERIAN TopTen, S. 109) ist kreisrund und mit intensiv grünem Schwefelwasser gefüllt. Eine Straße führt fast bis zum Kraterrand hinauf.

sondern eher die große Hingabe, mit der die einheimische Bevölkerung die Utensilien betrachtet und sich an ihnen erfreut.

Westseite des Fußballplatzes | Tel. 25 33 30 51 | tgl. 9–12, 13–17 Uhr | 1 US-$

Jardín Botánico Lankester

Tausende von Orchideenarten, Kakteen, Palmen – die von dem britischen Pflanzenliebhaber Charles H. Lankester 1940 gegründete Anlage zieht Garten- und Naturliebhaber aus der ganzen Welt an. Der heute auf über 10 ha angewachsene Garten wird von der Universidad de Costa Rica unterhalten und von über einem Dutzend Gärtner gepflegt. Ein japanischer Bereich, stilecht mit Gräsern, in Form geschnittenen Kiefern, seltenen Ahorn- und Bambussorten und Steinen ausgestattet, sowie ein entzückendes Teehaus gehören zu den beliebtesten Fotomotiven des Jardín Lankester.

Ctra. Cartago–Paraíso | 26 km südöstl. von San José | www.jbl.ucr.ac.cr | tgl. 8.30–16.30 Uhr | 10 US-$

ÜBERNACHTEN

Orosi Lodge ▶ S. 24

Sanchiri Mirador & Lodge

Mit Aussichtsterrasse in das Tal – Das Hotel nennt sich auch Mirador, ein durchaus treffender Name angesichts des fantastischen Ausblicks auf das Orosí-Tal. Neben eher einfach eingerichteten Zimmern gibt es auch Cabañas mit besonders schönen Bädern aus Naturstein. Das einheimische, im Jahr 1990 gegründete Familienunternehmen wächst beständig. Ein großer Erfolg ist auch das angeschlossene Restaurant mit einer traumhaft schönen Aussichtsterrasse.

Ctra. 224 Paraíso a Orosí, 2 km südl. Paraíso | Tel. 25 74 54 54 | www.sanchiri.com | 12 Zimmer und 5 Hütten | €

◎ VOLCÁN IRAZÚ 8 D3

Costa Ricas höchster: Der 3432 m hohe Vulkan mit seinem kreisrunden Hauptkrater von 1000 m Durchmesser ist das Herz des gleichnamigen Nationalparks Parque Nacional Volcán Irazú. Eine gut ausgebaute, kurvenreiche Straße führt von Cartago bis unterhalb des Kraterrandes. Entlang der Strecke befinden sich mehrere Aussichtspunkte, die einen Rundumblick über das Valle Central und die zahlreichen Gärten und Kaffeeplantagen bieten. Landschaftlich reizvoll wird es besonders auf halber Strecke, wenn die Vegetation die für Nebelwald typischen Farne zeigt. Zunehmend kahl wird es oberhalb der Baumgrenze, und das Kratergebiet beeindruckt als ein wüstenähnliches Areal in schwarzen und grauen Farben mit leuchtend grünem, nahezu ausgetrocknetem Schwefelsee. Auf dem Gipfel lohnt ein Spaziergang entlang dem Kraterrand zum höher gelegenen Aussichtspunkt. Es lohnt sich besonders, den Vulkan an schönen Tagen und außerhalb der Regenzeit zu besuchen: An klaren Tagen kann man dann nämlich sowohl den Atlantik als auch den Pazifik von hier oben erkennen. Allerdings macht vielen Besuchern die dünne, sauerstoffarme Luft nach einiger Zeit zu schaffen. Da es hier oben kühl und windig ist, gehört eine Jacke ins Gepäck. Der Irazú gilt als besonders gefährlich und unberechenbar. In einem Indigena-Dialekt ist er als Laratzu, als »Grollender Berg«, bekannt.

Parque Nacional Volcán Irazú | tgl. 8–15.30 Uhr | 10 US-$
54 km nordöstl. von San José

ÜBERNACHTEN

Grandpas

Rustikale Holzhütten – Das kleine Hotel mit einfachen Holzbungalows (mit eigener kleiner Terrasse und Blick ins Tal) liegt idyllisch in einem Garten an der Straße zum Vulkan Irazú und eignet sich daher gut, wenn man früh am Morgen vor den Wolken, dem Nebel und den Reisebussen im Nationalpark sein will.

Cot | Ctra. 219 al Volcán Irazú | 7 km nördl. von Cartago | Tel. 25 36 66 66 | www.grandpashotel.com | 45 Zimmer und 4 Hütten | €€

ESSEN UND TRINKEN

Restaurante 1910

Ausblick ins Tal – Das Restaurant wurde aus Holz von durch Erdbeben und Vulkanausbrüche zerstörten Häusern errichtet und erinnert mit 100 Fotos an das Erdbeben von 1910, das Cartago in Schutt und Asche legte. Costa-ricanische Küche, die auch von Ticos geschätzt wird.

Cot | Ctra. 219 al Volcán, neben dem Grandpas-Hotel | Tel. 25 36 60 63 | www.restaurant1910.com | Mo–Do 11.30–21, Fr–Sa 11.30–22, So 11.30–18.30 Uhr | €€

HEREDIA

D3

Stadtplan ▶ S. 111

35 000 Einwohner

Ein koloniales Schmuckstück mit wenigen Sehenswürdigkeiten und viel Charme. Die koloniale Hauptstadt der gleichnamigen Provinz, 1706 gegründet und von ihren Bewohnern gern »Ciudad de Flores«, die »Stadt der Blumen« genannt, liegt 12 km nordwestl. von San José und ist schnell zu erreichen über die mehrspurige Autopista General Cañas. Die Höhenlage von 1137 m bringt es mit sich, dass die Tage meist sonnig und frühlingswarm, die Nächte mitunter empfindlich kühl werden können. Die mit schwerem Kopfstein gepflasterten und schnurgerade verlaufenden Straßen im Schachbrettmuster werden gesäumt von ansehnlichen Häusern. Nur wenn einmal ein Hoftor offen steht, kann man einen Blick in die versteckt dahinter gelegenen Patios genießen, oft von zahlreichen Blumen und von Springbrunnen geschmückt – idyllische Szenen. Ein gewisser Wohlstand zieht sich durch die Stadt, ein Großteil der Bewohner arbeitet im Kaffeehandel, und Kaffeeplantagen prägen die nähere Umgebung von Heredia. Traditionell gilt die Stadt als bevorzugter Wohnort der lokalen Mittelschicht.

SEHENSWERTES

1 Café Finca Britt

D3

Kaffee der Marke Britt wird in ganz Costa Rica getrunken und auch ins Ausland exportiert. Mit steigendem Erfolg wurde diversifiziert, und heute stehen unter dem Label Britt auch Schokoladen und Kakao, Nüsse und Süßigkeiten zum Verkauf. Die Plantage selbst hat ihren Sitz etwas außerhalb von Heredia.

Bereits 1991 erkannte man die Notwendigkeit, sich auch bei internationalen Besuchern zu vermarkten, und begann mit den ersten Coffee Tours. An diesen haben nach eigener Auskunft mittlerweile über eine Million Besucher teilgenommen. Bei der anderthalbstündigen Classic Coffee Tour wird man mit diversen Produktionsprozessen auf der Kaffeeplantage vertraut gemacht. Die Professionalität und Größe der erst 1985 gegründeten Marke Britt, untergebracht in einer aus dem 19. Jh. stammenden Kaffeefabrik, sind Vorteile, die Britt von anderen, kleineren Konkurrenten im Lande, die ebenfalls Kaffeetouren anbieten, unterscheidet. Andererseits ist die deutliche Kommerzialisierung nicht zu übersehen. Besuchern wird Gelegenheit geboten, hier viel Geld auszugeben, sei es beim anschließenden Lunch auf der Finca oder dem Besuch im Souvenirladen.

Mercedes Norte de Heredia, 3 km nördl. der Stadt | www.coffeetour.com | tgl. 9.30, 11, 12.45 und 15.15 Uhr | 22 US-$

2 El Fortín

Der von 1876 stammende Festungsturm, ein nationales Monument, gilt als Wahrzeichen von Heredia. Er diente vermutlich der Beobachtung, seine »Schießscharten« öffnen sich nach außen.

Av. Central Rafael Mora, Nordseite des Parque Central

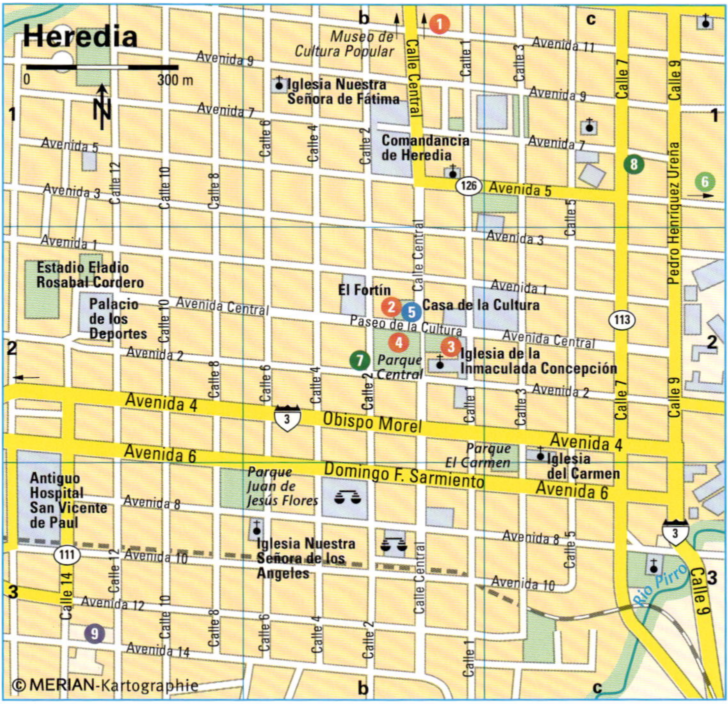

3 Iglesia de la Inmaculada Concepción

Die 1797 erbaute Kirche mit ihrem Glockenturm erstrahlt in hellem Glanz und ist spiritiueller Orientierungspunkt der Stadtbewohner, für Besucher wohl eher ein reizvolles Fotomotiv, zumal das Gebäude neben dem Parque Central liegt. Gleichwohl lohnt es sich, das kühle und stille Kircheninnere zu besuchen.

Av. 2/Calles Central-1

INBioparque D3

Das Instituto Nacional de Biodiversidad de Costa Rica, eine Non-Profit-Organisation, die 1989 gegründet wurde mit dem Ziel, wissenschaftliche Untersuchungen zur Artenvielfalt Costa Ricas voranzutreiben und die enorme biologische Vielfalt des Landes zu erhalten, betreibt engagiert diesen BioPark. Außer Schmetterlingen und Fröschen bekommt man auch Schlangen in einem großen, neu errichteten Reptilienhaus (Serpentarium) zu sehen, doch auch Leguane, Fische und diverse Haustiere wie Ziegen und Schafe werden gehalten.

Santo Domingo de Heredia, 4 km südl. von Heredia | www.inbioparque.com | Fr 9–15, Sa, So 9–16 Uhr | 25 US-$, Kinder 15 US-$

4 Parque Central

Die zentrale Plaza von Heredia, umgeben von zahlreichen schönen Bauwerken im Kolonialstil, ist ein besonders gepflegtes Schmuckstück. Achten Sie auf die diskreten, Luxus verratenden Herrenhäuser, seit Generationen Sitz wohlhabender Kaffeehändler. Hier liegen auch zahlreiche von Studenten bevölkerte Cafés.

Calle Central/Av. Central

MUSEEN UND GALERIEN

5 Casa de la Cultura

Das »Kulturhaus« der Stadt, ein niedriges, lang gestrecktes koloniales Wohnhaus aus dem 18. Jh., war einst der Wohnsitz von Alfredo Gonzáles Flores, Präsident von Costa Rica in den Jahren 1914 bis 1917, der in Heredia geboren wurde und hier auch heiratete. Kaum etwas erinnert heute an den Politiker und Juristen, lediglich einige der Räume, die als historisches Museum genutzt werden, zeigen Bilder und Dokumente zu Flores.

Av. Central Rafael Mora/Calle Central | Nordostseite des Parque Central | www.casadelaculturaalfredogonzalezflores.blogspot.com | Mo–Sa 10–13, 15–18 Uhr | Eintritt frei

Museo de Cultura Popular

▶ S. 111, nördl. b 1

Hier bekommt man einen Eindruck von der Vielfalt und Fantasie des lokalen Kunsthandwerkes und Anregungen, was es alles zu kaufen und mitzubringen geben könnte. Anschließend bietet sich ein Kaffee im Restaurant »La Fonda« an sowie ein Rundgang durch den angeschlossenen Souvenir- und Kunsthandwerksshop.

Santa Lucia de Barva de Heredia | Tel. 22 60 16 19 | www.museo.una.ac.cr | So 10–17 Uhr | 3 US-$

ÜBERNACHTEN

6 Apart Hotel Roma

xxx

Mit Küche und Esszimmer – Die etwas altmodisch wirkenden, gleichwohl gepflegten Suiten bieten sich auch für Familien und befreundete Paare an, die selbst kochen möchten. Ein benachbarter Supermarkt sowie die lokale Flores Mall stehen für Einkäufe bereit, die in der voll eingerichteten Küche verarbeitet werden können. Mit Balkon oder Terrasse.

Jardines de Roma (300 m östl. der Universität, östlicher Stadtrand) | Tel. 22 60 01 27 | www.apart-hotelroma.com | 11 Suiten | €–€€

Bougainvillea

▶ S. 111, südöstl. c 3

Einziges Vier-Sterne-Hotel – Seit Jahrzehnten eine bewährte Adresse, umgeben von einem tropischen Park mit gewaltigen Bäumen, blühenden Pflanzen, Kolibris und Schmetterlingen sowie großer Poolanlage. Das moderne Gebäude bietet geräumige und komfortable Zimmer mit Balkon und Terrasse, teilweise mit herrlichem Blick über das Tal und die Berge bis hin nach San José, nach Sonnenuntergang ein einziges Lichtermeer. Top: der große Pool mit eigenem Umkleidebereich.

Santo Tomás de Santo Domingo | 6 km südöstl. von Heredia | Tel. 22 44 14 14 | www.hb.co.cr | 81 Zimmer | €€–€€€

Finca Rosa Blanca Coffee Plantation & Inn

▶ S. 111, nordwestl. a 1

Traumhaft schön – Ein Country Inn der Luxusklasse und wie aus dem Bil-

Luftig, luxuriös, großzügig und hell sind die Zimmer und Suiten der privaten, ökologisch geführten Finca Rosa Blanca (▶ S. 112) bei Santa Bárbara de Heredia.

derbuch, nicht erst bekannt, nachdem es vom einflussreichen Magazin Condé Nast zu einem der zehn schönsten kleinen Hotels weltweit gewählt wurde. Zwischen Papaya- und Mangobäumen, Kaffeesträuchern und tropischen, teilweise mehrere Hundert Jahre alten Baumriesen liegen auf der alten Kaffeeplantage die großzügigen Unterkünfte, die in der einfachsten Kategorie Junior Suite heißen, in der höchsten Villa genannt werden und mehrere Räume umfassen. Eine zauberhafte individuelle Ausstattung mit Antiquitäten und wertvollen Stoffen sorgt für Behaglichkeit. Gäste genießen nach dem köstlichen Frühstück die Weitläufigkeit der Finca, nehmen an einer der hervorragenden mehrstündigen Organic Coffee Tours teil und lassen sich anschließend im hauseigenen Spa mit einer Massage oder – stilecht – einem Coffee Scrub verwöhnen. Das Dinner im Restaurant El Tigre Vestido (▶ S. 28) ist ein Erlebnis, bei dem Kerzenlicht und Bioprodukte sich ideal ergänzen.

Santa Bárbara de Heredia | 5 km nordwestl. von Heredia | Tel. 22 69 93 92 | www.fincarosablanca.com | 14 Suiten und Villen | €€€€

Der aktive Vulkan Poás (▶ MERIAN TopTen, S. 115) liegt im Parque Nacional Volcán Poás und hat zwei Kraterseen, einer davon ist die Laguna Caliente, ein ätzender Säuresee.

ESSEN UND TRINKEN

RESTAURANTS

7 Cafeteria Espigas

Preiswertes Plato del Día – Bereits zum Frühstück bekommt man hier ein üppiges Gericht mit Eiern, Bohnen, Toast und Tortillas, dazu frisch gepresste Säfte serviert. Man hat die Wahl zwischen Klassikern der mittelamerikanischen Küche, dazu gibt es Salate, Sandwiches, Pastagerichte, Steaks und Fischgerichte, alles günstig und gut.

Heredia Zentrum | Av. 2/Calle 2 (am Parque Central) | Tel. 22 37 32 75 | tgl. 7–21 Uhr | €

El Novillo Alegre Parrilla Argentina

▶ S. 111, westl. a 3

Argentinisches Steakhouse – Wie gut Steaks schmecken können, wenn die Qualität des Fleisches stimmt und Profis die Zubereitung übernehmen, das wird man hier feststellen. Die etwas höheren Preise sind allemal gerechtfertigt, und auch die Weinkarte ist vorzüglich. Die Beilagen werden extra berechnet, aber bei der gebotenen Fleischqualität sind sie auch fast überflüssig.

Plaza Cariari (ab Ctra. 1 Panamericana) | Tel. 22 93 58 33 | www.cienciaalimentaria.com | tgl. 12–22 Uhr | €€€

El Tigre Vestido ▶ S. 28

8 L'Antica Roma

Pizza aus dem Holzofen – Es muss nicht unbedingt italienisch sein, auch lokale Küche und Fast Food bietet man hier zügig und gekonnt zubereitet an. Zum Lunch lohnt es sich, nach den wechselnden und preiswerten Tagesmenüs zu fragen.

Av.7/Calle 7 (gegenüber Hotel Valladolid) | Tel. 22 62 90 73 | So–Do 12–23, Fr, Sa 12–24 Uhr | €€

EINKAUFEN

9 Feria del Agricultor

Der wöchentliche Obst- und Gemüsemarkt ist ideal, um sich mit Bananen, Orangen und allerlei exotischen Früchten einzudecken, auch der Kauf des mitunter angebotenen Früchtebrots und der Kuchen aus Vollwertmehl lohnt sich.

Av. 14 (Südrand der Stadt) | Sa 8–13 Uhr

Ziel in der Umgebung

VULKAN POÁS 9 D2

Gleich sieben Krater, mehr als 8000 Jahre alt, zeichnen den Poás aus. Der 2708 m hohe Vulkan gilt als aktiv, eine Bezeichnung, die Vulkane tragen, deren letzter Ausbruch weniger als 200 Jahre her ist. Sein letzter größerer Ausbruch erfolgte 1910. Der 5700 ha große Nationalpark ist für die meisten Costa-Rica-Besucher ein Muss, in erster Linie, um den Vulkan zu besuchen, dem man sich per Auto bis auf wenige Hundert Meter nähern kann.

Parque Nacional Volcán Poás | Ctra. 9 | Tel. 24 82 21 65 | tgl. 8–15.30 Uhr | 10 US-$ | ♿
18 km nördl. von Heredia

Wollen Sie's wagen?

Ananas, Bananen, Mango und Papaya gibt es mittlerweile in jedem mitteleuropäischen Supermarkt. Die örtlichen Märkte in Costa Rica haben aber viel mehr zu bieten. Probieren Sie doch mal eine Drachenfrucht (besser bekannt als Pitahaya), eine Guanábana (in Deutschland auch Stachelannone genannt), einen Wasser- oder gar einen Zimtapfel. Lassen Sie sich überraschen. Ob roh oder in einem der köstlichen Säfte – ein neues Geschmackserlebnis gewiss!

SEHENSWERTES

Waterfall Gardens

Einen ganzen Tag kann man hier locker zubringen. Es gibt so viel zu sehen: Wildkatzen aller Art, Affen, Schlangen, bunte Frösche ... Und natürlich die fünf Wasserfälle, nach denen die Anlage benannt wurde. Sie sind eine beliebte Kulisse für Hochzeiten. Es werden auch Touren ab San José angeboten.

Catarata de La Paz | Ctra. 126, Nordostabhang des Vulkans Poás | Tel. 24 82 27 20 | www.waterfallgardens.com | tgl. 8–17 Uhr | 40 US-$, Kinder 24 US-$

Schmetterlinge auf der Haut 8

Den Windhauch oder gar den Flügel eines zarten, bunten Schmetterlings auf der Haut zu spüren ist ein einmaliges, beeindruckendes Gefühl, von dem man lange zehren kann (▶ S. 14).

DIE ZENTRALE PAZIFIKKÜSTE

Manuel Antonio, der beliebteste Nationalpark des Landes, liegt in großartiger Lage am Pazifik. Er ist Endstation einer abwechslungsreichen Fahrt entlang der Pazifikküste, die traditionsreiche Hafenorte, Nobelherbergen und Surfer-Ziele vereint.

Zwischen Puntarenas und Quepos verläuft die gut ausgebaute Costanero Sur nahe der Pazifikküste. Auffällig sind die vielen Palmöl-Plantagen, Kilometer um Kilometer stehen die Bäume rechts und links der Straße, akkurat gepflanzt in Reih und Glied. Was auf den ersten Blick schön aussehen mag, nämlich der Blick auf üppige, viele Meter hohe Ölpalmen, hat seine Schattenseiten: Monokulturen, die die natürliche Landschaft zerstört haben. Wie überall in tropischen Gebieten dienen auch in Costa Rica die Plantagen dazu, den begehrten Rohstoff billig und leicht zu verarbeiten, um daraus Margarine und Speiseöl für den Weltmarkt zu produzieren. Bereits Anfang der 1970er-Jahre wurden die ersten Plantagen mit den aus Westafrika stammenden Palmen angelegt, nachdem man merkte, dass diese rentabler sind als die früher im großen Stil angebauten Bananen. Zum Glück bleibt Costa Rica die Entwicklung anderer latein-

◀ Palmen und weißer Sand: Strand am Nationalpark Manuel Antonio (▶ S. 124).

amerikanischer Staaten erspart; so gibt es zahlreiche Schutzgebiete mit intaktem Primärwald, die die Bio-Diversität garantieren.
Lebhaft, laut und familiär geht es zu am dunklen Strand von Jacó, dem bei Einheimischen beliebtesten Wochenendziel an der Pazifikküste. Jacó ist aber auch »das« Ziel für junge Rucksackreisende, Sprachschüler und Surfer. Nach Jahrzehnten langsamer Entwicklung beschleunigte sich der Bauboom mit Beginn des Jahrtausends, u. a. auch mit der Entstehung ungezählter Immobilien, die an pensionierte US-Amerikaner verkauft wurden.

RUMMEL UND RUHE

Ganz anders zeigt sich dagegen Puntarenas. Die einstmals prosperierende Hafenstadt ist weder schick noch besonders beliebt bei Urlaubern, dafür hat man Gelegenheit, selbst zu entdecken, was eigentlich die authentische Atmosphäre der schwül-feuchten Hafenstadt ausmacht. Auch an Manuel Antonio scheiden sich die Geister, für die einen ist der am meisten besuchte Nationalpark Highlight ihrer Reise, die anderen empfinden das kleine Schutzgebiet in großartiger Lage am Meer als wenig anziehend, weil es – außer in der Regenzeit – oft überfüllt ist. Zum Glück gibt es auch in diesem Teil des Landes genügend Alternativen für Ruhesuchende.

PUNTARENAS C3

40 000 Einwohner

Bis zur Eröffnung einer Eisenbahnlinie nach Puerto Limón und dem Aufstieg der Stadt am Atlantik zum bedeutenden Ausfuhrhafen gegen Ende des 19. Jh. genoss Puntarenas die Bedeutung als wichtigster Hafen des Landes und war entsprechend wohlhabend. Heute macht die an der Pazifikküste auf einer schmalen Halbinsel 6 km in den Golf von Nicoya ragende Hafenstadt auf den ersten Blick keinen guten Eindruck. Die Entwicklung wird auch noch dadurch verstärkt, dass auch der lokale Tourismus seine goldenen Zeiten hinter sich hat und die Hauptstadtbewohner lieber auf südlich gelegene Badeorte ausweichen. Touristen kommen mit dem Kreuzfahrtschiff oder um die Fähre zur Nicoya-Halbinsel zu nehmen. Die Orientierung ist leicht in

Puntarenas, denn die Stadt besteht im Wesentlichen aus wenigen Straßen. Am Paseo de los Turistas liegen Hotels, Open-Air-Restaurants, Cafés und Bars ebenso wie die Strände der Stadt. Kreuzfahrtschiffe legen sowohl in Puntarenas als auch in Puerto Calderas an, dem 18 km südlich liegenden, modernen Fähr- und Exporthafen.

SEHENSWERTES

Casa de la Cultura

Das Haus der Kultur umfasst eine Ausstellungshalle für wechselnde Kunstausstellungen, ein Theater mit 300 Sitzplätzen, die öffentliche Bibliothek und das Geschichtsmuseum der Stadt.

Av. Centenario (Central)/Calle 3 | Tel. 22 61 13 94 | Mo–Fr 10–16 Uhr | Eintritt frei

Parque Marino del Pacífico

Umgeben von vielen Tieren zeigt sich Puntarenas hier von seiner familienfreundlichen Seite. Krokodile können bestaunt werden, es gibt jeweils ein für Landschildkröten und ein für Meeresschildkröten eingerichtetes Gehege; man kann Pelikane beobachten und den Aquarien, in denen zwischen Korallen zahlreiche tropische Fische und auch kleinere Haie leben, einen Besuch abstatten. Für Kinder gibt es kleine Pools zum Planschen.

Paseo de los Turistas, 500 m östl. des Piers für Kreuzfahrtschiffe | Tel. 26 61 52 72 | www.parquemarino.org | Di–So 9–16.30 Uhr | 2900 Colones, Kinder 1600 Colones

MUSEEN UND GALERIEN

Museo Histórico de la Ciudad de Puntarenas

Das kleine Geschichts- und Heimatmuseum, untergebracht in der Casa de la Cultura, zeigt einige präkolumbische Artefakte, Objekte aus der Kolonialzeit ebenso wie Dokumente aus jener Epoche, in der Puntarenas bedeutende Hafenstadt war.

Casa de la Cultura | Av. Centenario (Central)/Calle 3 | Tel. 26 61 50 36 | Di–So 8–17 Uhr | Eintritt frei

ÜBERNACHTEN

Alamar

Gepflegter Luxus – Besonders schön sind die »superior« genannten Räume mit hübschem Balkon zum Pazifik hin, Blumenarrangements und Kaffee- und Teezubereiter. Überhaupt macht die gesamte Anlage mit ihren vielen Bougainvilleen und anderen Pflanzen und dem gepflegten Pool einen rundum erfreulichen Eindruck.

Paseo de los Turistas/Av. 2 | Tel. 26 61 43 43 | www.alamarcr.com | 34 Zimmer | €€–€€€

Cabinas Madeleine

200 m vom Paseo de los Turistas – Gepflegte Studios und Apartments in ruhiger Umgebung in der Stadt.

Av. Central, gegenüber dem Stadion Lito Pérez | Tel. 88 28 77 42 | www.cabinasmadeleine.com | 5 Zimmer | €€

Double Tree by Hilton

Beach Resort am Lavastrand – Der noch ofenwarme Schokoladen-Cookie zur Begrüßung ist Auftakt zu diesem All-inclusive-Aufenthalt abseits der Stadt. Die weitläufige, von Palmen umgebene Anlage bietet mehrere Pools und Restaurants sowie eine große Vielfalt an sportlichen Aktivitäten, dazu Wellnesscenter und Fitnessstudio.

Dieser Anemonenfisch, auch Nemo genannt, bevölkert mit vielen anderen tropischen Fischarten die Aquarien des Parque Marino del Pacífico (▶ S. 118) in Puntarenas.

El Roble | Ctra. 23 a Puerto Caldera, 6 km südl. | Tel. 26 63 08 08 | www.hilton.com | 315 Zimmer | ♿ | €€€€

Praiamar

Unter brasilianischer Flagge – Das Hotelrestaurant serviert brasilianische Küche, und als Aperitif wird eine Caipirinha empfohlen. Einige der Gemälde des schönen Mittelklasse-Boutiquehotels sind von brasilianischen Künstlern ebenso wie die Musik, die gespielt wird. Einzig der Pool ist etwas zu klein, dafür liegt der Pazifik vor dem Hotel.
Ctra. 17/Calles 66–68 | Tel. 26 61 00 95 | www.praiamarhotelcostarica.com | 10 Zimmer | €€

Puerto Azul

Seglers Traum – Schwimmen, sonnenbaden und segeln, in diesem Strandhotel ist alles auf hohem Niveau möglich; sehr große Zimmer, eine gefällige Poolanlage und der eigene Jachthafen unterscheiden das Haus von anderen Hotels der Stadt.
Calle 72 | Tel. 26 61 55 52 | 32 Zimmer | €€

ESSEN UND TRINKEN

RESTAURANTS

Caballo Blanco

An der Interamericana – Geeignet für eine Erfrischung wie auch zum Lunch. Bei einer hausgemachten Zitronenlimonade oder Fisch bzw. Fleisch vom Grill genießt man die authentische lebhafte Atmosphäre. Ebenfalls nicht schlecht angesichts der hier leider häufigen Autoeinbrüche: Wer mit dem Mietwagen unterwegs ist, hat diesen beim Essen im Blick.

Ctra. 1 (Panamericana) km 131, 10 km nördl. des Abzweigs nach Puntarenas | Tel. 26 39 11 89 | tgl. 6–22 Uhr | €€

Chung San

Feine chinesische Küche – Es muss nicht immer Chop Suey sein, wie ein Besuch in diesem Lokal zeigt. Probieren Sie die wohlschmeckenden Dim Sums zur Vorspeise, gefolgt von Ente süß-sauer oder Tintenfisch mit chinesischen Wolkenohrpilzen und gerösteten Mandeln.
Av. 1/Calles 1–3 | Tel. 26 61 00 68 | tgl. 11–21.30 Uhr | €–€€

La Yunta Steakhouse

Veranda mit Meerblick – Nicht nur Steaks sind hier besonders lecker, auch das Angebot an Fischspezialitäten kann sich sehen lassen. Und zur Happy Hour jeden Nachmittag schmeckt schon mal eine Margarita statt Kaffee und Kuchen.
Paseo de los Turistas/Calles 19–21 | Tel. 26 61 32 16 | Di–So 12–24 Uhr | €€

Marisquería Gugas

Ceviche oder Calamares – Ganz egal, was Sie hier essen: Fisch und Meeresfrüchte sind fangfrisch und werden in immer neuen Variationen und mit würzigen und mitunter sehr scharfen Saucen zubereitet. Sehr beliebt.
Calle 1, 100 m nördl. des Kreuzfahrtpiers | Tel. 26 61 07 07 | Di–So 11–22 Uhr | €–€€

KULTUR UND UNTERHALTUNG

Wenn nach Sonnenuntergang kleine Lichter und Kerzen die Straße illuminieren, lateinamerikanische Musik aus den Clubs dringt, man das nahe Meer hört und riecht, ist Puntarenas recht romantisch. Touristen und die Bewohner der Stadt sowie die Gäste der Kreuzfahrtschiffe treffen sich abends am Paseo de los Turistas. Dort reihen sich Bars und Restaurants aneinander.

CLUBS

Privilege Disco Club

Junge Ticos ebenso wie US-Amerikaner, Argentinier und Studenten aus Uruguay und Brasilien haben den Club beim Spring Break zum Treffpunkt erkoren. Allerdings erst nach Mitternacht, vorher ist kaum Betrieb.
Esparga, Ctra. 17/Calle 24 | Tel. 26 61 59 39 | Do–So 20–3 Uhr

SERVICE

AN- UND ABFAHRT

Fähre

Die Fähren zur südlichen Nicoya-Halbinsel nach Paquera (6 x tgl.) und Naranjo (4 x tgl.), Fahrtdauer ca. eine Stunde, findet man in der Av. 3/Calle 33, Nordwestecke der Stadt (Tel. 26 61 20 84, www.navieratambor.com).

AUSKUNFT

ICT Touristeninformation

Plaza del Pacífico, Paseo de los Turistas | Tel. 26 61 00 37 | www.puntarenas.com

Ziele in der Umgebung

◎ ADVENTURE PARK UND HOTEL VISTA GOLFO C3

Das ehemals Finca Daniel genannte und von Deutschen betriebene Hotel in wunderschöner Berglage ist eine luxuriöse, stilvolle Herberge mit Adventure Park mit diversen Ziplines über Wasserfälle, den Gäste fast jeder Altersgruppe genießen können. Sportli-

Am Strand bei Jacó (▶ S. 121) an der costa-ricanischen Pazifikküste treffen sich Sonnenanbeter und Sportler, die hier auch Surfbretter und Body Boards ausleihen können.

che versuchen sich im Superman-Flug, daneben locken eine Kletterwand und ein Reitstall für Ausflüge hoch zu Ross.
Tajo Alto, Miramar | Tel. 26 39 83 03 | www.adventureparkcostarica.com | 6 Zimmer | €€–€€€
30 km nordöstl. von Puntarenas

JACÓ C3

10 000 Einwohner

Bei Ebbe glitzert der dunkle Lavastrand der halbmondförmigen Bucht wie ungezählte Edelsteine, und überall beobachtet man kleine Krebse und andere Meerestiere. Zusammen mit den dichten, nahe an den Strand heranreichenden Palmenhainen ein beeindruckender Anblick, der nur noch gesteigert wird, wenn nach einem der häufigen Regenfälle in den Sommermonaten sich ein Regenbogen über der Bucht zeigt. Der sympathische Bade- und Ferienort besitzt eine unprätentiöse, legere Atmosphäre. In den letzten Jahren machte sich Jacó besonders als Treff europäischer Sprachschüler und junger Surfer einen Namen, die die vielen günstigen Hotels und Restaurants schätzen. Es gibt diverse Surfschulen, -camps und -shops. Als Badeort ist

Jacó eher mit Vorsicht zu genießen, denn das Schwimmen ist wegen der tückischen Strömungen leider nur mit großer Vorsicht möglich.
Nur wenige Kilometer nördlich von Jacó liegt die Playa Herradura, eines der exklusiven Ziele des Landes mit mehreren Luxushotels.
65 km südl. von Puntarenas

SEHENSWERTES

Pacific Aerial Tram

Im 90 ha großen Rainforest Adventures Pacific Park in der Nähe von Jacó an der Pazifikküste schwebt man über den Baumkronen des tropischen Regenwaldes – und sieht dabei viel Überraschendes in den teilweise 50 m hohen und mehr als 200 Jahre alten Bäumen. Die Gondelfahrt (insgesamt 18 Gondeln mit jeweils max. 8 Passagieren plus Guide) geht langsam und 1,6 km steil hinauf auf den Gipfel des Berges mit fantastischer Sicht zum Pazifik. Der Guide erläutert die einzelnen Baum- und Pflanzenarten und die vielfältige Vogelwelt. Der Freizeitpark bietet außerdem elf Ziplines mit 15 Plattformen, ein Serpentarium mit Schlangen und Reptilien, eine Cafeteria und einen 13 m hohen Wasserfall mit der Möglichkeit hinaufzuklettern.
3 km nördl. von Jacó | Tel. 22 57 59 61 | www.rainforestadventure.com | Aerial Tram 5 x tgl. zwischen 7 und 15 Uhr | 60 US-$, Kinder 35 US-$

Parque Nacional Carara

Der 52 qkm große Nationalpark liegt am Südufer des Río Grande de Tárcoles und zeichnet sich durch mehrere Klimazonen aus. In Tierschutzkreisen be-

Die großen hellroten Aras kann man – mit etwas Glück – bei einer Rundwanderung im Parque Nacional Carara (▶ S. 122) nördlich von Jacó sehen oder auch hören.

kannt ist der Park als bevorzugter Brutplatz der großen hellroten Aras (auch Aracanga bzw. in Costa Rica Ara macao genannt). Die Vögel gehören nicht nur zu den größten Papageienarten der Erde, sondern fallen besonders auf durch ihre Gefiederfärbung mit rotem Rumpf, gelben und blauen Flügeln und roten Schwanzfedern. Einen dieser Vögel beim Flug zu sehen ist ein Erlebnis, das man so schnell nicht wieder vergisst. Markant ist auch der durchdringend laute Ruf der Tiere, der oftmals durch den Park schallt.
An der Station Quebrada Bonita beginnen zwei kleinere Rundwanderwege, mit etwas Glück kann man die Papageien beim Wandern in den Baumkronen ausmachen. Brutzeit sind die Sommermonate, dann ist die Wahrscheinlichkeit, eines der Tiere zu sehen, besonders hoch.

Der ideale Zeitpunkt: Der Park ist gut besucht. Kommen Sie früh, dann sind die Chancen auf Ara-Sichtungen am höchsten.

Ctra. 34 Costanera Sur, 15 km nördl. von Jacó, 3 km südl. der Brücke über den Río Tárcoles | tgl. 7–17 Uhr | 7 US-$

ÜBERNACHTEN

Perico Azul

Mit Surf Camp – Surfkurse und Verleih von Boards, dazu eine Gemeinschaftsküche, Esszimmer und eine Lounge helfen den Gästen, sich schnell kennenzulernen. Es gibt einen kleinen Pool und farbenfroh gestaltete Zimmer. Zur Playa Jacó Sur sind es nur fünf Minuten zu Fuß.

Av. Pastor Diaz Sur/Calle Santa Ana | Tel. 26 43 41 70 | www.hotelpericoazuljaco.com | 8 Zimmer | €–€€

Villa Caletas

Refugium im Architekturmix – Hoch über dem Pazifik auf der kleinen Landzunge Punta Leona liegt das exklusive Hotel mit Privatstrand, dessen Baustil griechische, altenglische und karibische Elemente sorglos mischt. Herausragend sind die Abgeschiedenheit und Ruhe, die man hier genießt, und der einzigartige Blick auf das Meer.

Herradura, 8 km nördl. von Jacó | Tel. 26 30 30 00 | www.hotelvillacaletas.com | 49 Zimmer, Suiten und Villen | €€€–€€€€

ESSEN UND TRINKEN

El Anfiteatro ▸ S. 28

Lemon Zest

Gourmet-Küche – Die wohl beste Adresse, um in Jacó hervorragend zu essen. Probieren Sie Thunfisch Tartar »Hawaian Style«, gefolgt von »Roasted Beet and Feta Salad« und einer Dorade mit Zitronen-Kapern-Sauce. Dazu empfiehlt man Wein, gerne auch in Gläsern und passend zum jeweiligen Gang.

El Jardín Plaza, Playa Jacó Zentrum, 1. Etage | Tel. 26 43 25 91 | www.lemonzestjaco.com | tgl. 17–22 Uhr | €€–€€€

EINKAUFEN

W.O.W. Surfshop ▸ S. 41

Ziele in der Umgebung

◎ REFUGIO NACIONAL DE VIDA SILVESTRE PEÑAS BLANCAS C 2/3

Das 2400 ha große Naturschutzgebiet erstreckt sich von 600 m bis auf 1400 m Höhe und besitzt daher auch mehrere Vegetationszonen, u. a. Trocken- und Regenwald. Es kann mit einem Auto mit Vierradantrieb befahren werden.

Ctra. 144, Abzweig von der Ctra. 1 nordöstl. nach Miramar (8 km), 6 km zum Parkeingang | Eintritt frei
35 km nordöstl. von Puntarenas

QUEPOS/MANUEL ANTONIO D4

11 000 Einwohner (mit Manuel Antonio)

Die Stadt Quepos, die heute aus zahlreichen Hotels und Pensionen, Bars, Restaurants und Souvenirshops besteht, war ursprünglich ein Hafen für Bananen, die nördlich der Stadt wuchsen. Sie ist im Wesentlichen Durchgangsort auf dem Weg zum südöstlich gelegenen Nationalpark Manuel Antonio. Für Hochseeangler ist Quepos wie die ganze Gegend hingegen ein Top-Ziel, und man findet eine große Marina, diverse Anbieter und auch Restaurants, die sich darauf spezialisiert haben, die selbst gefangenen Fische zuzubereiten.

SEHENSWERTES

Isla Damas

Die vor der Stadt liegende, 600 ha große Insel Damas verfügt nicht nur über einen ruhigen Strand, sondern auch über ein Ästuar mit einem ausgedehnten Mangrovenwald (»manglares«) mit reicher Vogelwelt sowie Kaimanen, Leguanen und Affen. Eine Kayaktour durch die Kanäle bietet Riós Tropicales.

Tel. 22 33 64 55 | www.riostropicales.com | 3–4 Stunden | 70 US-$ mit Abholung vom Hotel

Parque Nacional Manuel Antonio

Der Nationalpark besteht aus einem 683 ha großen Regenwald sowie einem 55 000 ha großen, geschützten Meeresareal mit einem Dutzend kleiner Inseln. Er ist von mehreren weißen Stränden umgeben, an die der Dschungel dicht heranreicht. Die Playa Espadilla Sur ist immer gut besetzt. Im Park werden 100 Säugetierarten (darunter vier Arten Affen) und rund 200 Vogelarten gezählt. Da der Nationalpark der beliebteste und meistbesuchte des Landes ist, begegnet man vor lauter Menschen mitunter kaum noch Tieren. Es lohnt sich, morgens in aller Frühe am Eingang zu sein. Sehr schön ist es, den Weg zwischen Playa Espadilla und Playa Manuel Antonio zur felsigen kleinen Halbinsel Punta Catedral zu nehmen, um von dort aus auf den Pazifik und die Strände von Manuel Antonio zu sehen.

7 km südöstl. von Quepos, Eingang an der Playa Espadilla | Tel. 27 77 51 85 | www.manuelantoniopark.com | Di–So 7–16 Uhr | 16 US-$, Kinder 5 US-$

ÜBERNACHTEN

Hotels in Quepos sind deutlich preiswerter als die an der Straße nach Manuel Antonio und vor dem Nationalpark gelegenen. Eingebettet in den Regenwald, mit teilweise dramatischem Ausblick auf die Pazifikküste warten hier einige der schönsten Unterkünfte des Landes, individuelle und stilvolle Hotels ohne Anbindung an internationale Hotelketten.

Alta Gracia Boutique Hacienda E4

Hohe Eleganz – Im Süden von Costa Rica eröffnete das Alta Gracia, Mitglied der prestigeträchtigen Gruppe »Leading Hotels of the World«. Umgeben von 360 ha Land erwartet den Gast ein überaus luxuriöses Landleben, wie man es sich schöner kaum vorstellen kann. Gewohnt wird in eigenen Casitas

Bunt ist der Touristenmarkt am Eingang zum Manuel Antonia Nationalpark (▶ S. 124). Auf dem Markt werden Wickeltücher, Kunsthandwerk und andere Souvenirs angeboten.

mit roten Ziegeln, auf das Feinste möbliert und auch äußerlich wunderschön anzusehen und von blühenden Pflanzen umgeben.

Pérez Zeledón | Ctra. 243, 50 km nordöstl. von Quepos | Tel. 22 53 61 33 | www.altagracia.cr | 50 Casitas | €€€€

Karahé

Tropische Schönheit – Gehört sicherlich zu den schönsten Hotels von Manuel Antonio: luxuriöse, gekonnt zurückhaltend designte Zimmer, offene Foyers und Sitzecken, von denen aus man Kolibris und andere tropische Vögel beobachten kann. Der schön angelegte Pool, der tropische Garten und der Zugang zur Playa Espadilla überzeugen selbst den anspruchsvollen Gast.

Ctra. Quepos a Manuel Antonio km 4,5 | 1,5 km vor dem Park | Tel. 27 77 01 70 | www.karahe.com | 41 Zimmer | €€–€€€

La Sirena

Um Qualität bemüht – Das vielfach gelobte kleine Hotel, das von sich selbst sagt: »top in der Leistung, aber nicht im Preis«, bietet ansprechende, penibel saubere Zimmer mit Balkonen zum

Funkelnde Sterne 9

Mit einem Sundowner den Sonnenuntergang hochleben lassen und anschließend die funkelnden Sterne am Nachthimmel genießen – so sieht ein perfekter Abend aus (▶ S. 14).

kleinen Pool und ein Frühstück mit frischen Säften und Bio-Produkten. Insgesamt eine gute Wahl.
Quepos Zentrum | Calle 2, 200 m nördl. der Busstation, 50 m westl. Banco Nacional | Tel. 27 77 05 72 | 14 Zimmer | €€

Le Priss

Stil zum kleinen Preis – Schon von Weitem an seiner roten Farbe und den auffälligen Balkonen zu erkennen, bietet das gut geführte Mittelklassehotel nicht nur behaglich ausgestattete Zimmer, sondern auch einen schönen Pool, umgeben von tropischer Landschaft. In Zusammenarbeit mit einer Reiseagentur werden maßgeschneiderte Touren angeboten.
Quepos Zentrum | Calle 5/Av. 5, 100 m nördl. der katholischen Kirche | Tel. 27 77 07 19 | www.lepriss.com | 50 Zimmer | €–€€

Parador Resort & Spa

Aussichtspunkt über dem Meer – Zwischen Nationalpark und kleinem Strand gelegen und umgeben von tropischem Regenwald bietet das Öko-Luxus-Hotel zwei Pools mit Ausblick auf das tiefer liegenden Meer, zwei Top-Restaurants und romantische Bars sowie die klassisch und in Naturfarben gestylten Zimmer.
Punta Quepos, Manuel Antonio Norte | Tel. 27 77 14 124 | www.hotelparador.com | 119 Zimmer | €€€–€€€€

Tres Banderas

Rustikale Großzügigkeit – Hier kann man nichts falsch machen, selbst in der einfachsten Kategorie (Standard) sind die Zimmer geräumig und haben Zugang zur umlaufenden großen Veranda, von der die Treppe direkt zum Pool führt und auf der man abends bei einem Glas Wein in die Natur schauen kann; vielleicht, nachdem man zuvor im hauseigenen Restaurant gegessen hat.
Ctra. Quepos a Manuel Antonio km 3 | Tel. 27 77 18 71 | www.tresbanderas.com | 17 Zimmer | €€

ESSEN UND TRINKEN

RESTAURANTS

Barbaroja

Klassiker seit 1975 – Brennende Fackeln weisen den Weg zu dem hoch oben über dem Pazifik thronenden Restaurant im offenen Palapa-Stil. Die Atmosphäre ist romantisch, tropisch und lebhaft, zu essen gibt es für jeden Geschmack: frische Sushi in großer Auswahl, Mahi Mahi und Red Snapper oder Shrimp Linguini, alles schmeckt hervorragend und wird in größeren Portionen angeboten. Die Desserts und Cocktails sind ebenso verführerisch.
Ctra. a Manuel Antonio | Tel. 27 77 03 31 | www.barbarojarestaurant.com | tgl. 11–24 Uhr | €€–€€€

El Avión ▶ S. 28

La Esquina del Sabor

Soda mit Geschmack – Hier genießt man authentische costa-ricanische Küche, und auch die Einrichtung mit Holz und Wachstuchtischdecken ist so, wie man es sich vorstellt.

Quepos Zentrum | hinter der Busstation, neben der Feuerwehr (»bomberos«) | Tel. 27 74 03 33 | tgl. 7–16 Uhr | €

Marlin

Fischspezialitäten – Als Vorspeise vielleicht »bocas«, die typischen Häppchen, die man in Costa Rica auch gerne zu einem Cocktail isst, anschließend lässt man sich eines der diversen Fischgerichte empfehlen oder nimmt die große Fisch- und Langustenplatte.

Ctra. Quepos a Manuel Antonio, Playa Espadilla Norte | Tel. 27 77 11 34 | tgl. 12–22 Uhr | €€–€€€

Tico's Bar y Restaurante

Sport's Bar – Beliebte Anlaufstelle für ein Bier oder einen grünen Smoothie zwischendurch. Mit umfangreicher Speisekarte, das Essen ist allerdings von unterschiedlicher Qualität.

Quepos Zentrum | Calle 2 | Tel. 27 77 42 73 | tgl. 11–24 Uhr | €€

BARS

Canatico

Bei einer Ceviche »Peruvian Style« oder Chicken Wings mit Guacamole die Spiele der Champions League anschauen, aber auch Football und andere in den USA beliebte Sportereignisse: einer der beliebtesten Treffs für einen Männerabend.

Quepos Zentrum | Calle 4 | Tel. 27 77 64 43 | tgl. 11–2 Uhr

EINKAUFEN

Boutiquen mit Ethno-Mode, Öko-Souvenirs und Kunsthandwerk findet man in großer Auswahl im kleinen Manuel Antonio Village am Eingang zum Nationalpark bzw. am Strand vor dem Parkeingang.

Farmers' Market

An einem Wochenende lohnt es sich, früh aufzustehen. Die Atmosphäre auf dem von Ticos wie hier lebenden Ausländern bedienten Markt ist so provinziell wie gleichzeitig international; es gibt nicht nur Lebensmittel und Gemüse, sondern auch Bio-Obst und so manches außergewöhnliche Souvenir, und die Produzenten und Kunsthandwerker sind stets an einem netten Gespräch über ihr »Woher« und »Wohin« interessiert. Große Auswahl an Strandtüchern, T-Shirts, Vorhängen und anderem mit Bob-Marley-Konterfei.

Quepos, Calle 4 Sur | Fr, Sa 8–13 Uhr

SERVICE

AN- UND ABREISE

Bus

Ein öffentlicher Bus verkehrt alle 30 Minuten von Quepos zum Nationalpark.

Flugplatz

Der Quepos Managua Airport liegt an der Ctra. 34,5 km östlich der Stadt; täglich gibt es mehrere Flüge von Nature Air und Sansa. Beide Fluggesellschaften bieten Transport (Shuttle, 5 US-$) in die Stadt und in die Siedlung Manuel Antonio.

AUSKUNFT

ICT-Touristenbüro

Quepos, Edificio del PIMA, Paseo del Mar, am Hafen | Tel. 27 77 42 17 | www.quepolandia.com | ictquepos@ict.go.cr

Im Fokus
Faszinierende Meeresschildkröten

Die Urtiere sind langsam an Land, aber zielstrebig und ausdauernd im Wasser. Sobald sie geschlechtsreif sind, kehren sie – auch über weite Entfernungen – an den Ort ihrer Geburt zurück, paaren sich dort und legen nachts ihre Eier ab.

Auf die meisten Besucher üben Meeresschildröten eine große Faszination aus. Zum Glück hat man bei einem Besuch in Costa Rica wiederholt Gelegenheit, die sich an Land so behäbig und im Wasser so elegant bewegenden Tiere beobachten zu können. So kommen Tausende von Meeresschildkröten (der Arten Karett-, Oliv-, Bastard-, Grüne und Lederschildkröten) an die Pazifikküste, um dort ihre Eier abzulegen. Dieses jährliche Ereignis ist den Einwohnern wohlbekannt und wird von ihnen »arribada« (Ankunft) genannt. In der Dunkelheit erreichen die großen und häufig Hunderte von Kilos schweren Tiere die Küsten und verlassen das Meer, um schwerfällig über den Strand zu laufen. Die Schildkröten suchen etwas erhöht liegende Plätze, etwa 50 m den Strand hinauf, die vor Wasser geschützt sind. Schließlich graben die weiblichen Tiere mit ihren hinteren Flossen 30–50 cm tiefe Löcher. Etwa 100 weiße Eier von der Größe eines Tischtennisballs legt die Schildkröte in das Loch und verschließt anschließend das Nest mit Sand, ein Vorgang, der etwa eine

◀ Meeresschildkröte im Tortuguero-Nationalpark (▶ MERIAN TopTen, S. 138).

Stunde Zeit in Anspruch nimmt. Die Sonne wird das Ausbrüten der Eier übernehmen. Anschließend eilen die Schildkröten wieder in das Meer zurück, in ihren Lebensraum, in dem sie sich schnell und behände bewegen können und wo ihnen kaum Gefahr droht.

GEFÄHRLICHE BRUTZEIT

Die Schildkröteneier sind hingegen alles andere als in Sicherheit: Nicht nur Plünderer, die die Eier ausgraben und auf dem Markt verkaufen, auch natürliche Feinde wie Waschbären, Möwen oder Geier dezimieren den späteren Nachwuchs. Wie auch von anderen Reptilienarten bekannt, ist das Geschlecht bei der Eiablage noch nicht bestimmt, sondern entwickelt sich abhängig von der Temperatur während der Brutzeit. Starke Sonneneinstrahlung produziert eher Schildkrötenweibchen, während Schatten verstärkt zu Männchen führt. In Costa Rica wie an vielen Orten der Erde, an denen Meeresschildkröten ihre Eier ablegen, graben Bewohner strandnaher Dörfer die Eier regelmäßig aus, um sie auf dem Markt zu verkaufen. Schildkröteneier gelten weltweit als Delikatesse, in Asien als potenzsteigerndes Aphrodisiakum. In Costa Rica erzielen 200 Stück Schildkröteneier in der Plastiktüte am Strand etwa 20 US-Dollar. In einigen Restaurants werden die Eier hinter vorgehaltener Hand Kunden, die danach fragen, angeboten.

LEBENDE URTIERE

Schildkröten gehören zu den ältesten Tieren auf der Erde. Meeresschildkröten bevölkern unseren Planeten seit 150 Millionen Jahren (Landschildkröten vermutlich seit über 250 Millionen Jahren). Sie lebten bereits im sogenannten Mesozoikum, einem Erdzeitalter, in dem noch Dinosaurier die Erde bevölkerten. Schildkröten zählen damit zu den ältesten höher entwickelten Tierarten. Die Tiere waren in der Lage, die Eiszeit ebenso wie Klimaveränderungen, hervorgerufen durch das Auseinanderdriften des urzeitlichen Superkontinents Pangaea in die Kontinente, wie wir sie heute kennen, zu bewältigen. Feinde kennen die Schildkröten kaum, nur der Mensch könnte ihnen zum Verhängnis werden. Die Reptilien, in Costa Rica »tortugas« genannt, können ein hohes Alter erreichen und leben im Durchschnitt 25 bis 70 Jahre. Phänomenal ist der Ortssinn und die Orientierungsfähigkeit der Meeresschildkröten, die es ihnen erlauben, erstmals nach 20 Jahren, dann alle zwei bis vier Jahre an jenen

Strand zurückzukehren, an dem sie selbst geschlüpft sind, um genau dort ihre Eier abzulegen. Auf ihren Reisen sind die Tiere mitunter Tausende von Kilometern in den Ozeanen geschwommen, bevor sie erneut den Strand ihrer Geburt aufsuchen. Forscher vermuten, dass sich die Meeresschildkröten am Magnetfeld der Erde orientieren können und dass ihnen ihr außerordentlicher Geruchssinn erlaubt, ihre Reiseroute zu erriechen, da sie sich an typischen Duftspuren in den Ozeanen orientieren können. Etwa zwei Monate nach der Ablage im warmen Sand schlüpfen die winzig kleinen Nachkommen und bewegen sich sogleich zielstrebig zum Meer. Die Zahl der geschlüpften Tier ist äußerst hoch, doch nur etwa fünf Prozent von ihnen überleben die ersten Lebenstage.

Heute sind alle Meeresschildkröten vom Aussterben bedroht, da ihr Lebensraum zahllose neue Gefahren mit sich bringt; so werden beispielsweise die Tonnen von Plastiktüten, die in die Meere gelangen, von den Schildkröten für Quallen – eines ihrer bevorzugten Nahrungsmittel – gehalten und gefressen, andere Tiere werden von den Haken der Langleinen verletzt oder getötet.

An Costa Ricas Küsten kommen mehrere Arten der weltweit bekannten Meeresschildkröten: An beiden Küsten des Landes ist die Grüne Meeresschildkröte verbreitet, die sich von Algen und Seegras ernährt. An der Karibikküste legen die Tiere zwischen Juli und Oktober ihre Eier an den Strand, an der Pazifikküste zwischen Oktober und März. Die bis zu 90 cm langen Tiere können ca. 150 kg schwer werden.

FLEISCH UND EIER ALS DELIKATESSE

Doppelt so groß sind die Lederschildkröten, die ein Gewicht von 800 kg erreichen können und von Oktober bis März an mondhellen Nächten zwecks Eiablage die Pazifikküste erreichen. Die kleineren Oliv-Bastardschildkröten werden nur bis zu 70 cm lang und 40 kg schwer. Seltener sind die sogenannten echten und unechten Karettschildkröten, die nach wie vor in besonders hohem Maße vom Aussterben bedroht sind. Nicht nur auf ihre Eier haben es die Plünderer abgesehen, auch das Fleisch wird gegessen und der besonders schöne Panzer (Schildpatt) zu Schmuck und in der Vergangenheit mitunter sogar zu Brillengestellen verarbeitet.

Im Bereich von Ostional (Halbinsel Nicoya) wurden 21 km Strand zum Schildkrötenschutzgebiet erklärt, von denen ein etwa 7 km langer Abschnitt von den Schildkröten zur Eiablage bevorzugt wird. Hier und im Tortuguero-Nationalpark an der Karibikküste sowie im Las Baulas-Meeresnationalpark an der Nordwestküste der Nicoya-Halbinsel, wo bevorzugt im November und Dezember die Lederschildkröte ihre Eier ablegt, dürfen Touristen nach 18 Uhr nur in Begleitung eines Nationalparkführers an den Strand gehen; zum Schutz der Tiere dürfen weder Taschenlampe noch Kameras mit Blitzlicht verwendet werden.

SCHILDKRÖTENSCHUTZGEBIETE

An der Karibikküste, wo die Schildkröten im Wesentlichen in den Monaten März bis September die Strände erreichen, gelten als Schwerpunkte die 35 km langen Strände des Tortuguero-Nationalparks 10 sowie die Region nördlich des Río Pacuare, zwischen dem Tortuguero-Nationalpark und der Hafenstadt Puerto Limón. Die Grüne Meeresschildkröte (Chelonia mydas), auch Suppenschildkröte genannt, kommt von Juni bis Oktober nach Tortuguero, die Lederschildkröte seltener von April bis Juni, denn deren wichtigste Brutplätze liegen am Pazifik, z. B. an der Playa Manzanillo auf der Nicoya-Halbinsel. An der Playa Gandoca des Gandoca-Manzanillo-Naturreservats an der Karibikküste gelang es durch Schutzmaßnahmen, die »arribadas« von Lederschildkröten, die für »critically endangered« gehalten werden, zu sichern.

FREIWILLIGENARBEIT

Beliebt und recht verbreitet ist bei Studenten und jüngeren Besuchern die Volontär-Arbeit in Schildkrötencamps an beiden Küsten Costa Ricas. Unter Anleitung von Experten, z. B. Meeresbiologen, widmet man sich den Schutzaufgaben wie nächtlichen Kontrollgängen am Strand, Vermessen der Schildkröten, Ausgraben und Verlegen der Eier in sogenannte »viveros«, Eierschutzgehege und sichere Brutstationen, und schließlich Freilassen der Jungtiere nach dem Schlüpfen in das Meer. Die Arbeit ist mitunter nicht ganz unproblematisch, da Tierschützer und Volontäre in der Vergangenheit bereits von Dorfbewohnern bedroht wurden, da diesen durch die Schildkrötencamps, so der Vorwurf, Einkünfte verwehrt werden. Mittlerweile existieren mehrere Vermittlungsagenturen, die Freiwilligen den Weg weisen, darunter www.firsthand-costarica.com und www.latortugafeliz.com.

Die Maßnahmen in den Schutzzonen und der freiwilligen Helfer sind in Costa Rica im Vergleich zu anderen lateinamerikanischen Ländern zwar vorbildlich, doch werden nur wenige der von den Schildkröten »heimgesuchten« langen Strände geschützt. Tatsächlich finden die Räuber von Schildkröteneiern weiterhin ihre Wege, zunächst an ihr Ziel zu gelangen. Den Volontären bleibt hingegen die Gewissheit, etwas Gutes bewirkt zu haben, wenn auch zunächst in einem beschränkten Rahmen.

DIE TROPISCHE KARIBIKKÜSTE

Feuchte Hitze liegt über den Siedlungen der Karibikküste, sie lässt die Natur umso üppiger gedeihen. Musik gehört zum täglichen Leben unbedingt dazu und zu einem immer größeren Teil auch der Schutz der Tier- und Pflanzenwelt.

Kleine Fischersiedlungen, dampfender Regenwald und edle Fishing Lodges, All-inclusive-Dschungelhotels und pastellfarbene Holzhäuser, aus denen Bob Marleys Reggae ertönt, extrem hohe Luftfeuchtigkeit und Regenfälle das ganze Jahr über sowie Nationalparks, die mit Booten zu befahren sind: Zwischen Panama und Nicaragua an der Karibikküste liegt die große Provinz Limón, eine vom Rest des Landes sich deutlich unterscheidende Region. Auch die Menschen und deren Lebensstil sind anders als im zentralen Hochland. Karibisches Feeling prägt den Alltag an der Küste, die hauptsächlich von Afro-Costa-Ricanern bewohnt wird, Nachfahren einstiger Arbeiter aus Jamaika, die man zum Bau der Eisenbahn ab 1871 ins Land holte, ebenso wie Emigranten des vorigen Jahrhunderts aus Barbados. Verbreitet ist das sogenannte Limón Patois, bei dem die englische und spanische Sprache miteinander verschmelzen.

◄ Als Fischer lebt man direkt an den Kanälen beim Dorf Tortuguero.

Zahlreiche Nationalparks säumen die Küste. Am bekanntesten ist der nördlich gelegene Parque Nacional **Tortuguero** 10, in Tierschutzkreisen berühmt für seine Meeresschildkröten, die zur Eiablage die Karibikstrände aufsuchen. Gleich mehreren der gefährdeten Schildkrötenarten kann man während der Beobachtungsmonate April bis Oktober begegnen, neben Suppenschildkröten auch den selteneren Karettschildkröten. Forschungsstationen und Schutzorganisationen aus Kanada und den USA unterstützen die Einheimischen in deren Bemühungen, das einzigartige Ökosystem zu erhalten.

SCHILDKRÖTEN ALS TOURISMUS-MAGNET

Mittlerweile haben auch diese früher am Verkauf der Schildkröteneier verdienenden Fischer erkannt, dass der Tourismus ihnen ebenfalls hohe und beständige Einnahmen bringt. Und so werben allerorten Schilder für geführte Wanderungen und Schildkröten-Beobachtungstouren.

Der kleine, südlich gelegene Cahuita-Nationalpark gilt als ideal, um dösende Faultiere und zahlreiche Affenarten zu beobachten und an weithin naturbelassenen Karibikstränden zu träumen. Starker Wellengang und tückische Unterwasserströmungen führen dazu, dass es oftmals besser ist, es mit dem Blick auf die Strandidylle zu belassen. Die wie eine verschlafene westindische Siedlung wirkende Kleinstadt Cahuita gleich nebenan bietet sich zum Wohnen und Relaxen an.

PUERTO LIMÓN

F3

85 000 Einwohner

Costa Ricas größte und bedeutendste Siedlung an der Karibikküste, Hauptstadt der Provinz Limón, ist für Touristen nicht ganz einfach zu erkunden. Tagsüber kann man sich ziemlich unbesorgt auf den Straßen bewegen und alles genießen, was die Hafenstadt zu bieten hat, nach Einbruch der Dunkelheit ist es jedoch aus Sicherheitsgründen ratsam, nicht allein unterwegs zu sein. Insgesamt macht Puerto Limón an vielen Stellen einen recht verfallenen Eindruck, die Kriminalität ist höher als im übrigen Land. Von Oktober bis Mai legen Kreuzfahrtschiffe an, dann herrscht tagsüber Hochbetrieb in der Avenida 2, denn rechtzeitig zur Saison wurden die dortigen Bars, Shops und Restaurants mit Farbe aufgemöbelt und wieder eröffnet.

Puerto Limóns Bedeutung reicht zurück in die Kolonialzeit, als hier bereits Kaffee, Bananen und Ananas ebenso wie Edelhölzer für den Export verschifft wurden. Nach erheblichen Schäden durch das schwere Erdbeben von 1991 wird heute ein großer Teil der Frachtschifffahrt vom nahen Puerto Moín abgewickelt.

Während des ab dem 12. Oktober, dem Kolumbustag, für eine Woche stattfindenden Karnevals ist in der Stadt die Hölle los. Rumpunsch fließt in Strömen, und 24 Stunden am Tag ertönt Salsa-, Reggae- und Calypsomusik, in den Straßen wird getanzt, Paraden mit prächtig gekleideten Teilnehmern und Tänzern bewegen sich, von den Zuschauern beklatscht, durch die Stadt.

SEHENSWERTES

Brisas de la Jungla

Im Dschungel warten zwölf Ziplines (bis 270 m Länge und bis 80 m über der Erde) mit 13 Plattformen und bringen Unternehmungslustige 2 km durch den Regenwald. Ein Wanderweg führt 1 km in den Urwald, Reiter bevorzugen den Ausflug hoch zu Ross durch den Dschungel.

Río Blanco | Ctra. 32 Richtung San José | Tel. 88 54 83 01 | www.brisasdelajungla.com | 50 US-$, Kinder 40 US-$, Wandern und Reiten Extra-Gebühren

Brisas de Veragua

Ein Aerial Tram, eine Gondel mit sechs Sitzen, bringt Besucher hinunter zum Río Victoria, zu Wanderpfaden und einem Wasserfall. Darüber hinaus locken ein System von neun Plattformen und neun Ziplines sowie ein Frosch- und ein Schmetterlingsgarten.

Westl. von Limón, 12 km südl. der Ctra. 32 | www.veraguarainforest.com | Aerial Tram 50 US-$, Kinder 40 US-$, Ziplines 55 US-$, Kinder 45 US-$

Parque Vargas

Am Meer und doch inmitten von tropischem Grün: Palmen, dichte Bäume und exotische Blumen und Sträucher bezaubern Besucher. In den Baumgabeln dösen Faultiere, Liebespaare sitzen auf Bänken, und als Tourist wird man ziemlich häufig von Straßenverkäufern angesprochen.

Calle 1/Av. 1–2

MUSEEN UND GALERIEN

Museo Etnohistórico

Das Geschichtsmuseum präsentiert Exponate der Bevölkerungsgruppen von Limón: Afro-Costa-Ricaner, Indigene, Chinesen und Mestizen; die Exponate sind ausgestellt in einem Gebäude vom Anfang des 20. Jh.

Av. 2/Calle 4 | 1. Stock des alten Postamtes (»correos«) | Tel. 22 55 30 51 | Di–Sa 10–17 Uhr | Eintritt frei

ÜBERNACHTEN

Park

Mit Meerblick – Das traditionsreiche Haus am Hafen, die beste Adresse in der Stadt, bietet gepflegte Zimmer in drei Kategorien (empfehlenswert: superior und deluxe) sowie ein Restaurant mit guter karibischer und westlicher Küche.

Av.3/Calles 1–3 | Tel. 27 98 05 55 | www.parkhotellimon.com | 32 Zimmer | €€

Wandern oder mit der Seilbahn fahren? Im Brisas de la Jungla (▶ S. 134) ist beides möglich, und vor allem der Wechsel der Perspektiven ermöglicht viele Tiersichtungen.

Playa Bonita

Am karibischen Meer – Die südlich der Stadt liegende Playa Bonita ist beliebt bei Surfern, eignet sich zum Schwimmen allerdings weniger. Gleichwohl bietet dieses Hotel eine gute Möglichkeit, am Meer und Pool zu entspannen.

Ctra. 240 a Moín, 500 m östl. Playa Bonita gegenüber Hotel Matama | Tel. 27 95 10 10 | 45 Zimmer | €€

Royal

Gutes Preis-Leistungs-Verhältnis – Die Bezeichnung »Boutique Hotel«, mit der sich das kleine Hotel schmückt, scheint etwas übertrieben zu sein, dennoch warten hier saubere und nett gestaltete Zimmer, und meist steht man den Gästen interessiert mit Rat und Tat zur Seite.

Calle 7/Av. 6 | Tel. 27 58 73 09 | www.royallimon.tripod.com | 26 Zimmer | €

ESSEN UND TRINKEN

RESTAURANTS

Black Star Line

Spuren der Geschichte – In dem historischen grünen Liberty-Hall-Gebäude im Kolonialstil (1922) lernt man die für

Im Nationalpark Tortuguero (▶ MERIAN TopTen, S. 138) bewegt man sich am besten per Boot durch die Landschaft. Faultiere, Leguane und Vögel sieht man garantiert.

die Karibikküste typische Küche kennen. Vorwiegend Einheimische essen hier Rondón, den typischen Fischeintopf, und Gerichte, bei denen Bohnen, »plantains« (gebratene Kochbananen) und Reis mit Koskosraspeln nicht fehlen dürfen. Es lebt die Erinnerung an die UNIA genannte Befreiungsbewegung, gegründet von dem Jamaikaner Marcus Garvey (1887–1940), der die Rückwanderung aller Schwarzen nach Afrika propagierte und zu diesem Zweck die Schifffahrtslinie Black Star Line gründete.
Av. 5/Calles 5–6 | Tel. 27 98 19 48 | Mo–Sa 7.30–21, So 11.30–17 Uhr | €

Brisas del Caribe

Freisitz am Park – Bei einem frischen Mangosaft oder einer Limonenlimonade nimmt man Platz gegenüber dem Parque Vargas und beobachtet das karibische Alltagsgeschehen. Karibische Küche mit Schwerpunkt auf Fisch.
Av. 2/Calle 1 | Tel. 27 58 01 38 | Mo–Fr 8–23, Sa, So 11–23 Uhr | €€

Red Snapper

Reis »Captain Cristóbal« – Die westindischen Gerichte tragen hier fantasievolle Bezeichnungen und schmecken alle köstlich. Probieren Sie Red Snapper in diversen Zubereitungsarten.
Loma el Resbalón, Santa Eduvides, Av. 10, nordwestlicher Stadtrand | Tel. 27 58 76 13 | www.redsnappercr.com | tgl. 10.30–23 Uhr | €€€

EINKAUFEN

Mercado Central

Lebenslustige Frauen mit beachtlicher Leibesfülle und umgeben von Kleinkin-

dern stehen hinter den Ständen, Großmütter verkaufen tropische, den Besuchern unbekannte Gemüsesorten und exotisches Obst und »pan bon«, eine Art Kokos-Früchtebrot, und Kunsthandwerk gibt es auch.
Av. 3/Calle 3 | Mo–Sa 7–18 Uhr

AKTIVITÄTEN

Tortuguero Canals Tour

Ein Muss in dieser Region, die die meisten nur aufsuchen, um einmal im Leben die mittelamerikanische Version eines karibischen Venedig kennenzulernen. Per Boot, »lancha« genannt und mit Sitzplätzen für 15–30 Passagiere, geht es ab Puerto Moín, 10 km nordwestlich von Puerto Limón, nördlich in Richtung Tortuguero auf einem System von Kanälen, die parallel zur Karibikküste verlaufen. Unterwegs sieht man Affen, Faultiere, Leguane und Krokodile. Mit dem Riverboat Francesca kostet eine 4- bis 5-stündige Tour inkl. Lunch 75 US-$ (Tel. 22 26 09 86, www.tortu guerocanals.com).
Anleger Puerto Moín | Dauer 1,5–2,5 Stunden | bei verschiedenen Veranstaltern je nach Dauer der Tour und Größe des Bootes 45–65 US-$

SERVICE

AN- UND ABREISE

Flughafen

Der kleine Limón International Airport (südlich der Stadt) wird täglich von San José angeflogen (Nature Air).

AUSKUNFT

ICT-Touristeninformation

300 m nördl. der Kathedrale | Tel. 27 58 09 83 | www.puertolimon.net | ictlimon@ict.go.cr

Ziele in der Umgebung

◎ CAHUITA F3

3500 Einwohner

Reggae- und Calypsomusik sind allgegenwärtig, ebenso die westindische Kultur, die die Vorfahren der heutigen Bewohner in das Karibikdorf mitbrachten. Die Atmosphäre ist heute multikulturell, in erster Linie wegen der vielen Einwanderer. Holländer und Italiener, Kanadier und Deutsche betreiben Cabinas und Reiseagenturen, und die Auswahl hat man auch unter zahlreichen Restaurants, die karibische Küche bieten. Da mittlerweile jedoch das nahe gelegene Puerto Viejo de Talamanca zum Treff für feiernde junge Leute und Backpacker aus aller Welt geworden ist, sind einige Gebäude leer und zeigen Spuren von Verfall, was durch das tropisch-feuchte Klima noch begünstigt wird.
43 km südl. von Puerto Limón

SEHENSWERTES

Parque Nacional Cahuita

Der Nationalpark zwischen Meer und Dschungel schließt direkt an Cahuita an, er umfasst schöne Badestrände, ein Korallenriff und Wanderwege, wo man vor allem Affen sichten kann.
1 km südl. von Cahuita | Tel. 27 55 03 02 | www.sinac.go.cr | Mo–Fr 8–16, Sa, So 7–17 Uhr | 10 US-$

Sloth Sanctuary Costa Rica

Meet the Sloths – triff die Faultiere, heißt es in dieser großartigen, von einer aus Alaska stammenden Einwanderin und ihrem einheimischen Ehemann vor Jahrzehnten gegründeten Schutzstation. Hier leben mehr als 150 Faultiere, die als Waisen bzw. verletzt hierher gebracht wurden. Typisch für die zutraulichen Tiere mit den ausgeprägten Gesichtszügen und den großen Augen sind deren langsame Bewegungen, hervorgerufen durch einen trägen Stoffwechsel. Angeboten werden auch halbtägige Touren durch das rund 150 ha große Grundstück und der Besuch der Station, wo kleine Faultiere aufgezogen werden. Praktikanten sind auf Nachfrage willkommen, und auch ein B&B steht für Gäste bereit.

Penhurst, 10 km nördl. von Cahuita | Tel. 27 50 07 75 | www.slothsanctuary.com | Di–So 8–14.30 Uhr | 25 US-$, Kinder 15 US-$

ÜBERNACHTEN

Cabinas Nirvana

200 m zur Playa Negra – Inmitten eines dichten tropischen Gartens mit Swimmingpool liegen die Holz-Cottages mit großer Veranda und Moskitonetzen; Ventilator bzw. Klimaanlage sorgen für Abkühlung.

Ctra. 36, 1 km nördl. von Cahuita | Tel. 27 55 01 10 | www.cabinasnirvana.com | 8 Bungalows | €€

Hotel La Diosa

Strandhotel – In einem großen, etwas verwilderten Garten liegen die farbenfrohen Holz-Cottages unterschiedlicher Ausstattung und Qualität. Ein kleiner Weg führt durch das Grundstück zum direkt angrenzenden Strand.

Playa Grande, Ctra. 36 nördl. von Cahuita | Tel. 27 55 00 55 | www.hotelladiosa.net | 10 Zimmer und Bungalows | €€

◎ PARISMINA E3

Die Strände der an der Mündung des Río Parismina liegenden Fischersiedlung sind zwischen Februar und Ende September bekannt als Eiablageplatz von Lederschildkröten, die mit einer Panzergröße von bis zu 2,5 m als größte lebende Schildkröten gelten. Die Schildkrötenschutzorganisation ASTOP (Associacíon Salvemos Las Tortugas de Parismina, www.parismaturtles.org) unterhält eine Schildkrötenaufzuchtstation, in der die am Strand registrierten Eier bewacht werden und die außerdem fachkundige »Turtle Watching Tours« anbietet; freiwillige Helfer sind meistens willkommen.

Hochseeangler suchen den Ort auf, um von den dortigen Fishing Lodges auf Tour zu gehen. Regenwalderlebnisse garantiert die überaus günstige solar- und generatorbetriebene Green Gold Ecolodge (www.greengoldeco-lodge.webs.com, €) mit Betten im Schlafsaal, gemeinsamer Badbenutzung (und Duschen, in denen sich schon mal eine Tarantula, eine ungiftige Riesenspinne, verirren kann) und gemeinsamer Küche. Der Besitzer Jason begleitet auf Touren durch die die Lodge umgebende Wildnis.

Boot ab Puerto Moín
40 km nördl. von Puerto Limón

◎ PARQUE NACIONAL DE TORTUGUERO 10 E2

Der Nationalpark liegt an der nördlichen Karibikküste 40 km südlich der Grenze zu Nicaragua. Typisch für Tortuguero und einzigartig in Costa Rica sind dessen durch den Park verlaufende Kanäle, breite Wasserwege, die in den 1940er-Jahren aus Flussläufen geschaffen wurden, um darauf das geschlagene Holz transportieren zu können. Besucher kommen in erster Linie

Die karibische Küste ist Reggae-Gebiet. Ob Puerto Limón (▶ S. 133) oder Puerto Viejo de Talamanca (▶ S. 141) – gefeiert und getanzt wird mit Bob-Marley-Songs überall gerne.

wegen der Meeresschildkröten. An die naturbelassenen Strände des Parks, die sich etwa 35 km lang erstrecken, kommen in mondhellen Nächten vor allem zwischen Juni und November die Tiere aus dem Meer, um Eier abzulegen und im warmen Sand zu verbuddeln. Der Strand darf nur mit einem Sticker (4 US-$) während der Saison und nachts nur mit einem Guide betreten werden. Reizvoll ist es auch, mit einem einheimischen Führer im Kanu oder Boot die Kanäle zu befahren. Mit mehr als 300 hier gezählten Vogelarten ist Tortuguero ein Paradies für ornithologisch interessierte Besucher. Daneben begegnet man Faultieren und Affen.

Am Nationalpark liegt das autofreie Dorf Tortuguero Village (www.tortuguerovillage.com) mit rund 700 Einwohnern, die vom Tourismus leben. Hier findet sich auch ein Dutzend kleiner und preiswerter Gästehäuser, am Rand des Dorfes und inmitten des Regenwaldes dazu ein halbes Dutzend teurerer Lodges (all inclusive).

Parque Nacional de Tortuguero, Limón | Tel. 25 22 55 00 | www.tortugueroinfo.com, www.lagunatortuguero.com | tgl. 7–18 Uhr | 15 US-$

Fahrradfahren ist schweißtreibend im tropischen, schwül-warmen Puerto Viejo de Talamanca (▶ S. 141). Im Schatten der Bar sitzt man deutlich gemütlicher und entspannter.

Anfahrt per Boot von Embarcadero Puerto Moín (3–4 Std.) oder per Boot von La Pavona (1,5 Std., 4 US-$, zu erreichen per Bus von Cariari) oder mit dem Flugzeug (Nature Air, tgl. von San José, 90–130 US-$).
80 km nördl. von Puerto Limón

ÜBERNACHTEN

Cabinas Icaco del Tortuguero

Karibische Atmosphäre – Zum Sandstrand sind es nur wenige Meter, und gleich hinter dem einfachen, farbenfroh im westindischen Stil gestalteten Hostel liegen die Kanäle. Spartanisch ausgestattete Zimmer in Rosa und Türkis, gerade richtig für die Hitze. Auch Packages für Ausflüge und Touren werden angeboten.
Playa Tortuguero | Tel. 27 09 80 44 | www.hotelelicaco.com | 15 Zimmer | €

> **Stir it up** 10
>
> In Puerto Viejo de Talamanca tönt Reggae-Musik von überall her. Was kann es Schöneres geben, als barfuß im Sand die Nacht durchzutanzen (▶ S. 15)?

Tortuga Lodge & Gardens

Rustikale Eleganz – Eine Safari-Lodge, gelegen auf einem privaten, 10 ha großen Anwesen; »River View Rooms« in unterschiedlichen Kategorien, oft mit Moskitogittern und ohne Glasfenster, sodass die Geräusche des Urwalds stetig zu vernehmen sind, mit eigener Terrasse zum Tortuga River. Mit Preisen ab 35 € einmalig: die unterschiedlichen Packages zum Schlüpfen der Meeresschildkröten, auch mit einstündiger Bootsfahrt und einem Dinner in der Wildnis.

Der ideale Zeitpunkt: September bis November schlüpfen die meisten Schildkröten, und man kann sie auf ihrem Weg zum Wasser beobachten.

Río Tortuga, gegenüber der Flugpiste | Tel. 27 19 81 36 | www.tortugalodge.com | 26 Zimmer | €€€–€€€€

PUERTO VIEJO DE TALAMANCA F3

»Work hard, party even harder« scheint das Wahlmotto vieler hier urlaubender Individualreisender aus allen Teilen des Kontinents und aus Europa zu sein. Die karibische Party-Kultur, die sich hier ausgeprägt hat, steht in reizvollem Kontrast zu der tagsüber eher schläfrig wirkenden Atmosphäre, die die von dichten Palmen umgebene Siedlung mit den bunt gestrichenen Häusern, Supermärkten, Cafés und Hostels und kleinen Pensionen ausstrahlt. Das mag auch an der großen Hitze und hohen Luftfeuchtigkeit liegen, die jede Aktivität zu verlangsamen scheinen. Das Klima bringt es mit sich, dass viele Hotels schnell Spuren von Abnutzung und Verfall zeigen, sobald nicht permanent nachgebessert wird, wozu den Besitzern oftmals die Energie zu fehlen scheint.

58 km südl. von Puerto Limón

SEHENSWERTES

Centro de Rescate Jaguar ▶ S. 158

ÜBERNACHTEN

La Ruka Hostel

Hostel mit Familienanschluss – Die beiden jungen Betreiber des sympathischen Hostels haben drei Schlafsäle für 6–8 Personen mit rustikalen Hochbetten und zwei schön gestaltete Doppelzimmer mit gemeinsamem Bad geschaffen. Hier findet jeder sofort Kontakt, schon bei der Begrüßung lernt man den Hund des Hostels kennen; in der gemeinsamen Küche werden Dinner und Unternehmungen geplant.

Ctra. 256 (Calle Principal), 1 km östl. des Ortes, 400 m südl. des Reefbreaks Salsa Brava | Tel. 27 50 06 17 | www.larukahostel.com | 22 Betten | €

Shawandha Lodge ▶ S. 25

ESSEN UND TRINKEN

Jungle Love Garden Café

Urwaldliebe – Vom »Jungle Love Milk Shake« zum Banana Daiquiri und der Margarita beherrscht man hier das Handwerk, Obstsäfte, Smoothies und Cocktails zu mixen. Auf dem Teller landet kalifornisches Fusion Food, immer wieder köstlich ist der »catch of the day« vom Grill, aber auch Thunfisch, Garnelen oder Red Snapper. Stilvoll dekoriert und im Kerzenschein besonders romantisch.

Playa Chiquita, 5 km südöstl. von Puerto Viejo | Tel. 27 50 01 62 | www.junglelovecafe.com | Mi–Mo 17.30–21.30 Uhr | €€

Restaurante Elena Brown ▶ S. 28

Essen in einer Soda 11

In einer »soda«, einem einfachen Restaurant, gibt es original karibische Hausmannskost. Man freut sich über Touristen, diese die etwas abgelegene Soda finden (▶ S. 15)!

DER SÜDEN MIT SÜDLICHER PAZIFIKKÜSTE

Die Wildnis ruft – aber zur abgelegenen Osa-Halbinsel und dem gegenüberliegenden Festland um den Hauptort Golfito kommen bislang nur wenige Besucher. Doch an der südlichen Pazifikküste warten besonders ursprüngliche Nationalparks.

Die wenig entwickelte Region nahe der Grenze zu Panama ist ein absolutes Paradies für erfahrene Reisende, die Abenteuer und tropische Abgeschiedenheit suchen, sowie für Naturliebhaber, denen der Manuel-Antonio-Park wie ein zahmer Zoo erscheint und die bereit sind, auch Anstrengungen und mangelnden Komfort in Kauf zu nehmen. Hier im Süden warten dafür die wildesten Nationalparks, Regen- und Mangrovenwälder, die in ihrer Artenvielfalt kaum zu übertreffen sind. In den bislang nur wenig besuchten Parque Nacional Corcovado und Parque Nacional Piedras Blancas findet man ungezähmte Natur und bislang nur in Ansätzen erforschte Ökosysteme. Diverse Gruppen bemühen sich in diesen abgelegenen Regionen, die in ihrem Bestand von Jägern dezimierten

◀ Küstenabschnitt des Corcovado-Nationalparks (▶ S. 148) auf der Halbinsel Osa.

Großkatzen Ozelot, Jaguar und Puma zu schützen. Erfolgreich ist die Arbeit der österreichischen Non-Profit-Organisation »Regenwald der Österreicher«, die Regenwaldgebiete mit Spendengeldern »freigekauft« hat und maßgeblich an der Schaffung des Piedras Blancas Nationalparks beteiligt war.
Um die Gegend zu bereisen, muss man eine langwierige Überland-Anreise in Kauf nehmen oder in das auf dem Festland am Golfo Dulce gelegene Golfito bzw. das gegenüber auf der Osa-Halbinsel liegende Puerto Jiménez fliegen. Die Abgeschiedenheit und oftmals mangelnde Infrastruktur bedeuten auch, dass die Auswahl an geeigneten Unterkünften gering ist.

WENIG INFRASTRUKTUR – VIEL ABENTEUER

Es gibt einfache, nur über Schlammpisten zu erreichende Eco Lodges inmitten des Regenwaldes, aber auch Luxus-Lodges.
Im Süden hat man auch die Chance, auf Nachkommen präkolumbischer Indígenas zu treffen. Deren Geschichte ist ein trauriges Kapitel, denn lange Zeit wurden die verschiedenen Gruppen an den Rand der Gesellschaft gedrängt und ihrer traditionellen, über Jahrhunderte bestehenden Landrechte beraubt. Sie genossen keinerlei rechtlichen Schutz, und erst ab 1950 gestand ihnen die Regierung überhaupt die Staatsbürgerschaft zu. Im Süden gibt es mehrere sogenannte Reservas Indígenas, in denen die Nachkommen der Guaymi und anderer Völker leben.

GOLFITO

E5

7000 Einwohner

Was in anderen Teilen der Erde als Kleinstadt gelten würde, ist im Süden Costa Ricas ein Zentrum der Region. Bis in die 1980er-Jahre war Golfito als »Bananenhauptstadt« des Südens bekannt und Sitz der umstrittenen US-amerikanischen United Fruit Company. Die Bedeutung der Bananen als Exportprodukt ist stark zurückgedrängt worden, Ölpalmen haben die einstigen Plantagen ersetzt, und auch die United Fruit Company existiert nicht mehr. Eine Bananentransportbahn verlief in früheren Zeiten an der Bucht entlang, ihre Kilometerangaben werden heute zur Adressenangabe in der lang gestreckten Stadt benutzt, z. B. »Ctra. del Tren km xx«. Tatsächlich zieht sich Golfito kilometerweit auf einem schmalen Streifen an der Bahía de Golfito entlang, während landwärts das Bergland in die Höhe ragt. Die Carretera 14 kommt von der Panamericana und führt zur Küste nach Golfito, sie wird in der Ortschaft zur Avenida Principal.

Begeisterte Hochseeangler, hauptsächlich aus den USA, kommen nach Golfito wegen der guten Möglichkeiten zum Sportfischen; man findet in der Stadt diverse Anbieter, die umfangreiche Serviceleistungen für die Jachten und ihre Besatzung bereithalten, oft mit Gästezimmern und Restaurant.

SEHENSWERTES

Refugio Nacional de Vida Silvestre Golfito

Das 28 qkm große Naturschutzgebiet erstreckt sich über das Bergland oberhalb von Golfito. Eine 7 km lange Schotterpiste (Naturstraße) führt von der Stadt auf rund 500 m Höhe, wo mehrere Wanderwege abzweigen.

2 km südl. von Golfito | Tel. 27 75 26 20 | tgl. 8–16 Uhr | 10 US-$

ÜBERNACHTEN

Casa Roland Marina Resort

Weitläufig und freundlich – Um ein Zimmer (behaglich möbliert und mit Bildern lokaler Künstler ausgestattet) mit schönem Ausblick zu bekommen, bucht man die Kategorie »deluxe«. Die großzügige, geschwungene Poolanlage ist ideal zum Entspannen, während der Nebensaison oft dicht bevölkert von jungen Einheimischen mit »day pass« für die Pool-Benutzung.

Zona Americana, Golfito Zentrum | Tel. 27 75 01 80 | www.casarolandgolfito.com | 53 Zimmer | €€€

Fish Hook Marina & Lodge

Jacht-Atmosphäre – Ein stark maritimes Ambiente mit Blick auf die Bucht und die hier in der Marina ankernden Sportboote und Jachten: Das weit gereiste internationale Publikum schätzt die diversen Service-Einrichtungen für seine Boote, die Open-Air-Bar und das Restaurant. Meerblick genießt man hier nahezu überall.

Ctra. del Tren km 2 | Tel. 27 75 16 24 | www.fish-hook-marina.com | 6 Zimmer | €€€

Hostal del Mar

Bed & Breakfast am Meer – Einfache Herberge mit Superblick von den Terrassen, Balkonen und Dachgarten auf die direkt anschließende Bucht. Mit Gemeinschaftsküche und Tourenschalter; ein Hostel, das zeigt, wie man aus einfachen Holzpaletten originelle Betten und Tische schaffen kann.

Ctra. del Tren km 5, 700 m südl. des Ortseingangs | Tel. 47 00 05 10 | 5 Zimmer | €

Ka'kau Jungle Cabinas

Refugio Fauna Silvestre de Golfito – Gelegen auf einer Anhöhe im tropischen Tal nahe einem kleinen Strandabschnitt schufen die jungen Besitzer ein Urwald-Refugium für kleines Geld: aus Holz erbaute Cabinas mit Moskitonetz, Terrasse und Hängematte und mit Blick auf den Golfo Dulce; Natur und Ruhe garantiert.

Village Playa Cacao, Playa Cacao, 800 m vom Strand | www.todocontento.com | 4 Hütten | €

Blick vom Cerro Tortuguero auf das Schutzgebiet Refugio Nacional de Vida Silvestre Barra del Colorado. Es liegt an der Grenze zu Nicaragua und wird vom Rio Colorado durchzogen.

ESSEN UND TRINKEN

RESTAURANTS

Banana Bay Marina Restaurant

Meerblick von jedem Tisch – Stimmungsvoll speist man in diesem edlen Restaurant des gleichnamigen Hotels. Das umfangreiche Angebot an Fisch und Meeresfrüchten und deren Zubereitung ist hervorragend.

🕓 Kommen Sie rechtzeitig vor Sonnenuntergang, damit Sie mit einem Sundowner auf diesen anstoßen können.

Banana Bay Marina & Sportfishing Center | Casa Amarilla, Ctra. del Tren km 2 | Tel. 27 77 03 83 | www.bananabaymarinagolfito.com | tgl. 6–22 Uhr | €€€

Buenos Días

Café con leche – Wie die Einheimischen bzw. mit diesen frühstückt man hier im einfachen, gleichwohl beliebten Bistro-Restaurant, wo man schnell und freundlich bedient wird. Morgens gibt es diverse Kaffeespezialitäten und auch »horchata« (Erdmandelmilch), dazu Croissants und Eierspeisen, Bohnen und frisch gepresste Obstsäfte. Mittags ist das Angebot an würzigen Fleisch- und Gemüseeintöpfen hervorragend, sie werden mit ofenwarmen Tortillas serviert.

Ctra. 14, Pueblo Civil, gegenüber der Tankstelle und Muellecito | Tel. 27 75 11 24 | tgl. 7–22 Uhr | €–€€

Mar y Luna

Maritime Atmosphäre – Täglich ab 16 Uhr ist Happy Hour für eine bunte Gemeinschaft, neben Hotelgästen des Mar y Luna auch solche, die mit dem Boot anreisen und im hoteleigenen Dock festmachen. Häufig gibt es Live-

musik, dann kann auch nach Mitternacht noch bestellt werden.
Hotel Mar y Luna | Ctra. del Tren km 3 | Tel. 27 75 01 92 | www.marylunagolfito.com | tgl. 7–22.30 Uhr | €€

BARS

Bar La Pista

Die Flugzeuge landen buchstäblich über dem Kopf der Gäste, wenn diese an der Flugpiste im Biergarten ihre Cocktails ordern. Abends gibt es oft Livemusik, und man serviert zu den Getränken die für die Region typischen »bocas« (Appetithäppchen).
Ctra. 14, neben dem Flugplatz | Tel. 27 75 90 15 | www.pista-golfito.com | tgl. 10–2 Uhr

Latidud Ocho (8)

Hangout für US-amerikanische Hochseeangler und Motorbootkapitäne, die bereits dann, wenn die Sonne am höchsten steht, bei einem Bier über nautische Fragen fachsimpeln. Selbstverständlich serviert man auch diverse Gerichte, Salate und Sandwiches.
Pueblo Civil, Calle Principal | Tel. 27 75 02 35 | tgl. 12–24 Uhr

EINKAUFEN

Deposito Libre Comercial de Golfito (Duty-free-Zone)

Um nach dem Abzug der United Fruit Company die Attraktivität von Golfito zu erhöhen und den Tourismus anzukurbeln, erlaubte die Regierung die Etablierung eines Duty-free-Areals. Besucher, die hier einkaufen wollen, müssen am Tag vorher angereist sein und sich gegen Vorlage des Passes eine kostenlose TAC (tarjeta de autorización de comprar) beschaffen. Auf diese Weise kann man zweimal im Jahr für insgesamt 1000 US-$ einkaufen. Die Open-Air-Shoppingmall, umgeben von Blumenrabatten, bietet in etwa 50 Shops nicht nur Parfüm, Spirituosen, Tabak und Elektronikwaren, sondern auch Bekleidung, Schmuck und Souvenirs.
Calle Principal, nördliches Ende | TAC: Di–Sa 8–20, Mo 13–20 Uhr, Einkaufen: Di–Sa 8–16.30, So 7–14 Uhr

SERVICE

AN- UND ABREISE

Fähre

Nach Puerto Jiménez (tgl. 11 Uhr, Dauer 1,5 Stunden) und Playa Zancudo. Ab Muelle Golfito, Pueblo Civil

Golfito Airport

Der kleine Flugplatz, 2 km nordwestl. der Stadt, wird von den beiden regionalen Airlines Sansa (staatlich) und Nature Air (privat) bedient.

AUSKUNFT

ICT-Touristeninformation

Río Claro, Abzweig der Ctra. 14 von der Ctra. 1 (Panamericana) nach Golfito | Ctra. 1, 100 m östl. der Tankstelle | Tel. 27 89 77 39 | ictrioclaro@ict.go.cr | www.golfito.info

Ziele in der Umgebung

◎ BAHÍA DRAKE E5

Die an der Nordwestküste der Halbinsel Osa liegende Bahía Drake gehört zu jenen Zielen, die man ansteuert, wenn man für ein paar Tage der Zivilisation entkommen möchte. Die Strände Playa Cocalito, Playa Caletas und Playa San Josecito, die westlich der kleinen Siedlung liegen, gelten als besonders schön und ideal zum Schnorcheln. Im Meer

Die Kleinstadt Golfito (▶ S. 143) kann auch über ihren Regionalflughafen erreicht werden. Viele Hochseeangler nutzen die Flüge mit Sansa, um schneller aufs Boot zu kommen.

herrschen besondere Temperatur- und Sauerstoffverhältnisse, hier leben zahlreiche Delfine und auch Buckelwale. Außer einigen einfachen, rustikalen Lodges findet man auch luxuriöse Resorts, die teilweise auch Walbeobachtungstouren veranstalten.
Bahía Drake erreicht man während der Trockenzeit per Allrad über Rincon, sonst mit dem Flugzeug (Nature Air) von San José und per Boot (über den Río Sierpe) von Sierpe.
110 km westl. von Golfito

ÜBERNACHTEN

Finca Maresia

Geräusche des Regenwaldes – Äußerst geschmackvoll und gepflegt sind die Zimmer in den modern gestalteten Cabinas nahe der selbst gebauten Finca der Besitzer: schneeweiße Baumwoll-Moskitonetze über den komfortablen Betten, Hängematten oder Schaukelstühle auf den Veranden. Man wohnt auf einem Hügel, aber der Transport zum Strand ist kostenlos.
Camino a los Planes | 900 m von Bahía Drake | Tel. 27 75 02 79 | www.fincamaresia.com | 8 Zimmer und Bungalows | €–€€

La Paloma Lodge

Cabinas zum Träumen – Mit den mit Edelhölzern ausgestatteten Zimmern und Panoramablick auf Bahía Drake verwöhnt diese Lodge seit mehr als 25 Jahren eine internationale Klientel. Angeboten werden 3- bis 5-Tages-Packages mit Vollverpflegung und Ausflügen.
Drake Bay Village | Tel. 22 93 75 02 | www.lapalomalodge.com | 11 Zimmer und Cabinas | €€€–€€€€

Üppige Natur im Nationalpark Corcovado (▶ S. 148): Die wildromantische Küste des Pazifiks bei La Llorona ist vor allem während der Regenzeit nur schwer zu erreichen.

◎ MUSEO SITIO ARQUEOLÓGICO FINCA 6 E5

Im Dunkel der Geschichte verschwunden ist das Wissen über die geheimnisvollen Steinkugeln, eine der wenigen Hinterlassenschaften der präkolumbischen Völker Costa Ricas. Nur langsam änderte sich die Gleichgültigkeit, mit der das jahrtausendealte Erbe betrachtet wurde. Jetzt gibt es endlich ein Museum, das ganz und gar den »esferas« gewidmet ist. Auch der Ort stimmt: Die aufwendig gearbeiteten Dokumentationen und Ausstellungen wurden bei einem der Fundorte eingerichtet. Besuchern bleibt eigentlich nur die Wahl, ob sie zuerst in das Museum oder zu den Steinkugeln gehen – denn hin muss man auf jeden Fall, wenn man im Süden des Landes unterwegs sein sollte (▶ S. 150).

Museo Sitio Arqueológico Finca 6 | 5 km südwestl. von Palma Sur Richtung Sierpe | Di–So 8–16 Uhr | Eintritt frei
75 km nordwestl. von Golfito

◎ PARQUE NACIONAL CORCOVADO E5

Inbegriff eines wilden Nationalparks: Der rund 425 qkm große Parque Nacional Corcovado ist der Star unter Costa Ricas Nationalparks, was den Artenreichtum betrifft, und ist mit Mangroven, Regen- und Nebelwäldern sowie unberührten Stränden ein Juwel der tropischen Natur. Über 500 unterschiedliche Baumarten sind registriert, darunter auch die bis zu 70 m hoch werdenden Kapokbäume. Hier leben an die 10 000 Insektenarten ebenso wie Jaguare, Tapire und Krokodile. Für Besucher stellt der im Westteil der Halbinsel Osa liegende Park eine Herausforderung dar: Nicht nur wegen der unzähligen Moskitos, die sich auf sie stürzen. Das Klima ist schwül und schwer zu ertragen, die Wege sind nicht nur während der Regenzeit teilweise unpassierbar. Nach Goldfunden in den 1960er-Jahren richteten Goldsucher noch bis 1985 Schäden im Park an. Selbst heute versuchen illegal eindringende Goldwäscher ihr Glück und errichten kleine Camps, ein profitables Geschäft, das die drei Dutzend Park-Ranger zu verhindern trachten. Für Besucher ist ein Ausgangspunkt für Wanderungen der kleine Hafenort Puerto Jiménez, von Golfito am besten mit der Fähre zu erreichen. Zuvor muss man im Nationalparkbüro des Ortes die Wanderung anmelden, denn diese ist nur mit einem registrierten Guide möglich. Einfacher ist der Zugang von Bahía Drake (▸ S. 146), wo gut ausgebildete Tourguides bereitstehen.

Halbinsel Osa | Tel. 27 35 50 36 | tgl. 8–16 Uhr | 10 US-$
120 km westl. von Golfito

ÜBERNACHTEN

Laparios Lodge ▸ S. 24
Luna Lodge ▸ S. 24

◎ PARQUE NACIONAL PIEDRAS BLANCAS E5

Regenwälder, Mangroven, Steilklippen und Sandstrände: Nordwestlich von Golfito erstreckt sich der 14 000 ha große Nationalpark, der 1992 als Erweiterung des Corcovado geschaffen wurde. Hier verbreitet sind auch die in ihrem Bestand gefährdeten Königsgeier und hellroten Aras, die zu den größten ihrer Art gehören. Der Parkeingang ist mit dem Auto über das Dorf La Gamba zu erreichen.

La Gamba | Tel. 27 75 12 10 | tgl. 8–16 Uhr | 10 US-$
18 km nordwestl. von Golfito

ÜBERNACHTEN

Esquinas Rainforest Lodge

Gutes tun und Natur genießen – In einer beispielhaften Aktion, genannt »Regenwald der Österreicher«, haben der Symphoniker Michael Schnitzler (Enkel von Arthur Schnitzler) und, angeregt von seiner Initiative, Tausende von Österreichern jeweils 100 qm Regenwald gekauft und an den Nationalpark angegliedert. Die Schnitzler gehörende Öko-Lodge ist Teil des Projektes, das Umweltschutz, Ökotourismus, Tropenforschung, Wiederaufforstung und Entwicklungshilfe vereint. Die Lodge hat als Zentrum ein offenes Hauptgebäude, dessen Dach aus rund 60 000 getrockneten Palmblättern besteht – Treffpunkt, um die Geräusche des Regenwalds bei einem Cocktail zu genießen. Rustikal-tropisch ausgestattete Zimmer mit Webarbeiten der Brunca- und Guaymi-Indianer.

La Gamba | Tel. 27 41 80 01 | www.esquinaslodge.com | 16 Zimmer | €€–€€€

Im Fokus

Esferas de Pietra Precolombinas – präkolumbische Steinkugeln

Costa Rica ist anders. Keine präkolumbischen Ruinen im Urwald, aber dafür gibt es Steinkugeln. Fast perfekte, runde Kugeln der unterschiedlichsten Größen, die die Fantasie der Betrachter beflügeln und an Außerirdische denken lassen.

Die Harvard-Universität hat eine, und im Indiana-Jones-Film »Jäger des verlorenen Schatzes« spielen die geheimnisvollen Felsobjekte von Costa Rica gleich zu Anfang eine prominente Rolle. Tatsächlich besitzt das mittelamerikanische Land weder Pyramiden noch Tempel: In Costa Rica gibt es – anders als in Mexiko, Guatemala und Honduras – keine spektakulären präkolumbischen Bauwerke. Stattdessen findet man Steinkugeln! Bislang wurden an 45 Stellen mehr als 300 nahezu vollkommen runde Natursteinkugeln (Bolas, Sphären) entdeckt. Ihr Durchmesser beträgt von 10 cm (Tennisballgröße) bis zu 2,57 m, das Gewicht bis zu 16 t. Die mysteriösen Steinkugeln sind sehr alt. Ihr Entstehungsdatum wird auf das 3. bis 12. Jh. geschätzt, und so sind die meisten an die tausend Jahre alt.

Vor allem im Süden (Zona Sur) des Landes, im Diquís-Delta (sie werden daher auch Diquís Spheres, Diquís-Kugeln genannt), am Río Sierpe, auf der Isla del Caño, am Río Térraba und um Golfito, also im Siedlungsge-

◄ Mysteriöse Steinkugel (► S. 150), gefunden im Süden Costa Ricas.

biet der Vorfahren des indigenen Volkes der Brunca (Boruca), fand man die Kugeln. Doch auch mehrere Hundert Kilometer nördlich, nämlich auf der Nicoya-Halbinsel, wurden einige Steinkugeln entdeckt. Die meisten sind aus Granit gefertigt, einige wenige aus Sandstein gehauen.

FUNDORT BANANENPLANTAGE

Über die Herkunft der Steinkugeln bildeten sich viele sagenhafte Geschichten und Mythen, sogar eine Verbindung zum untergegangenen Atlantis wird teilweise verbreitet. Die ersten Berichte über einzelne Funde von Steinkugeln stammen aus dem 19. Jh. Doch erst ab 1930, als Arbeiter der United Fruit Company in der Umgebung von Golfito den Urwald rodeten, um Bananenplantagen anzulegen, wurde man in großem Stil fündig. Leider wurden die unter dichtem Grün und Erdschichten verborgenen Kugeln teilweise beschädigt. Weil man in ihrem Inneren Gold oder Edelsteine vermutete, wurden einige Kugeln von den Arbeitern mit Dynamit gesprengt. Andere Beschädigungen stammen von spanischen Konquistadoren, die in ihrem Inneren ebenfalls Gold vermutet hatten.

VOM FELSBROCKEN ZUR KUGEL

Es wird heute angenommen, dass die Kugeln von sesshaften Gruppen der Brunca gefertigt wurden, die die langwierigen und mühsamen Arbeiten der geschickten Steinmetze und deren Unterhalt und Verpflegung durch landwirtschaftlichen Anbau von Nahrungsmitteln ermöglichten. Warum diese Menschen allerdings die Mühe auf sich nahmen, nahezu perfekte runde Kugeln zu schaffen, inwiefern die Arbeit kultischen Zwecken oder Ritualen diente, weiß man bis heute nicht, da die Brunca, deren Kultur bald nach der Ankunft der spanischen Eroberer beendet war, keine schriftlichen Dokumente fertigten, in der sich Überlieferungen hätten finden können.

WISSENSCHAFTLICHE UNTERSUCHUNGEN

Es bleibt nur der Weg, über archäologische Rekonstruktionsversuche Licht in das Dunkel zu bringen. Vermutlich, so die Forscher, erfolgte die Herstellung der steinernen Kugeln durch Beschlagen von Felsbrocken mit besonders harten steinernen Werkzeugen und anschließendem Schleifen. Die runde Form, davon geht man heute ebenfalls aus, wurde mithilfe von hölzernen Rahmen erzielt.

Durch die Zusammenarbeit von Doris Stone, Mitarbeiterin der United Fruit Company, mit dem Peabody Museum of Archaeology and Ethnography der Harvard-Universität in Cambridge, Massachusetts, kam es bereits Ende der 1940er-Jahre zu ersten wissenschaftlichen Untersuchungen. Es sollte allerdings über zwei Jahrzehnte dauern, bis erste Ergebnisse veröffentlicht werden konnten: Da es in der Umgebung vieler der Fundstellen keine Granitvorkommen gibt – diese liegen 70 km im Talamanca-Gebirge entfernt –, geht man davon aus, dass die Kugeln erst nach ihrer Herstellung von ihren Schöpfern zu ihrem Fundort transportiert wurden. Die Art des Transportes der teilweise tonnenschweren Kugeln ist unbekannt, eventuell bediente man sich von Tieren oder Menschen gezogener Wagen. Weitere aufwendige Forschungen über Herkunft und mögliche Bedeutung der Steinkugeln erfolgten in den Jahren 1990–1995 von der Archäologin Ifigenia Quintenilla vom Nationalmuseum von Costa Rica. Der Forscherin gelang es erstmals, einige der Kugeln an ihrem Fundort auszugraben und u. a. mit Radiocarbontests zu untersuchen. Forschungsergebnisse wurden 2003 veröffentlicht. So trat dabei zutage, dass die Steinkugeln nicht immer eine perfekte runde Form hatten, Abweichungen bis zu 10 Prozent sind möglich.

SINN UND BEDEUTUNG

Nicht gelöst werden konnte allerdings die größte Frage, nämlich die nach der Bedeutung der Kugeln. Nach wie vor beruft man sich auf die in der Vergangenheit aufgestellten Theorien. Vermutungen reichen von der Verwendung der steinernen Kugeln als Navigationshilfen, als Symbole von Göttlichkeit, als Markierung von Begräbnisstätten hochgestellter Persönlichkeiten oder als Versammlungsstätten der Brunca. Da alle Kugeln in Gruppierungen gefunden wurden, einige hinsichtlich der Ausrichtung in astronomischer Anordnung, in Form einer Linie, andere in der Form einer Kurve, teilweise auch als Dreieck, wird auch vermutet, dass diese astrologischen Zwecken dienten und von den Brunca in sogenannten astronomischen Gärten aufgestellt wurden. Der Schweizer Forscher Erich von Däniken lieferte 1969 in seinem Buch »Zurück zu den Sternen« eine recht spektakuläre Theorie und führte die Kugeln auf Hinterlassenschaften von Außerirdischen zurück.
1950 befanden sich nur noch 50 der Kugeln an ihrem ursprünglichen Fundort. Die meisten Steinkugeln wurden von ihren Fundorten entfernt und viele in Privatbesitz genommen. Heute liegen nur noch 14 der Kugeln an ihrem Originalfundort, weitere 90 von ihnen sind zumindest in der

Nähe ihres ursprünglichen Fundortes platziert worden. Man findet sie jetzt überall in Costa Rica, viele wurden mit der Eisenbahn zu neuen Orten transportiert. Noch in den 1980er-Jahren schmückten die präkolumbischen Hinterlassenschaften so manchen tropischen Garten wohlhabender Ticos. Erst als die Behörden auf den unschätzbaren Wert der Steinkugeln aufmerksam wurden, wurden diese registriert. Man sieht Original-Steinkugeln heute im Hofgarten des Nationalmuseums und der Asamblea Legislativa in San José, im Parque Principal von Palma Norte, in mehreren Museen und – nach wie vor – in einigen Gärten einflussreicher Bürger des Landes. Seit 1970 sind die Steinkugeln gesetzlich geschützt und ebenso die Orte, an denen sie gefunden wurden.

IDENTITÄTSSYMBOL COSTA RICAS

Im Laufe der Jahre sind die Steinkugeln zu einem Symbol der Identität Costa Ricas geworden. Man findet heute Nachbildungen aus Stein, Bronze, Stahl und anderen Materialien in Vorgärten und Patios, an Hauseingängen und Grundstückszufahrten, in Parks und auf öffentlichen Plätzen. Die zunehmende Bekanntheit der Steinkugeln führte zu vielen weiteren Begriffen, darunter »Costa-Rica-Murmeln« und »Indian Balls«. Die ehemalige Präsidentin Laura Chincilla wandte sich an die UNESCO und schlug die Aufnahme der Steinkugeln in die Liste des kulturellen Welterbes vor. Diese Maßnahme, so wurde spekuliert, würde die präkolumbischen Steinkugeln weltweit bekannt machen, den Tourismus nach Costa Rica fördern und die wirtschaftliche Entwicklung stimulieren. Nach Prüfung des Vorschlages – im Auftrag der UNESCO – durch Professor John W. Hoopes von der University of Kansas wurden im Juni 2014 vier Fundorte der Steinkugeln im Diquís-Delta nahe Palma Norte de Osa und Sierpe im Südwesten des Landes (Finca 6, Batambal, El Silencio und Grijalba-2) in die UNESCO-Liste des Welterbes übernommen.

FUNDORT MIT MUSEUM

In der archäologischen Stätte Sitio Arqueológico Finca 6 (5 km südwestlich von Palma Sur Richtung Sierpe) kann man inmitten eines 10 ha großen Geländes gleich 13 gewaltige Steinkugeln (1,50–1,90 m Durchmesser) sehen. Einige der Kugeln liegen nach wie vor an ihrem ursprünglichen Fundort, darunter zwei Gruppen in parallelen Linien. Das 2014 eröffnete neue Museum (Di–So 8–16 Uhr) der archäologischen Stätte macht mit einer Ausstellung und Dokumentationen mit den Theorien und der Geschichte des Fundes der Steinkugeln vertraut.

TOUREN
DURCH COSTA RICA

Großstadt, Hauptstadt, Finanzumschlagplatz Panama-Stadt (►S. 162).

AUSFLUG IN DEN PARQUE NACIONAL RINCÓN DE LA VIEJA

CHARAKTERISTIK: Eine Tour mit dem Mietwagen in den nordöstl. von Liberia gelegenen Nationalpark Rincón de la Vieja **DAUER:** 1 Tag **LÄNGE:** 60 km **EINKEHRTIPP:** Hotel Hacienda Guachipelín Rincón de la Vieja, Las Pailas, Parque Nacional Rincón de la Vieja, Tel. 29 90 29 00, www.guachipelin.com €€ **AUSKUNFT:** ICT-Touristeninformationsbüro in Liberia, Ctra. 1 (Panamericana), 3 km nördl. der Stadt, 50 m westl. Guardia Rural, Tel. 26 66 29 76, www.liberiacostaricainfo.com, Mo–Fr 8–12, 15–18 Uhr

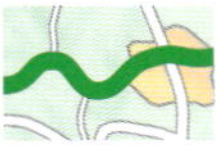

B 2

Natur in ihrer schönsten Form: Der Nationalpark Rincón de la Vieja besteht aus savannenähnlicher Vegetation und tropischem Trockenwald, dazwischen liegen heiße Quellen sowie Lichtungen voller Orchideen. Der Park wird dominiert vom rauchenden Vulkan und bietet mit zahlreichen »senderos«, angelegten Wegen und Pfaden unterschiedlicher Schwierigkeitsgrade, hervorragende Möglichkeiten zum Wandern.

Liberia ▸ Nationalpark Rincón de la Vieja

Von Liberia aus fährt man die Nationalstraße 1 (Panamericana) nach Norden (Richtung Nicaragua) und zweigt nach 5 km in nordöstlicher Richtung zum **Parque Nacional Rincón de la Vieja** ab; nach 14 km erreicht man das Dorf **Curubande**, 2 km weiter die am Südwestrand des Nationalparks gelegene Hacienda Guachipelín, einige Kilometer weiter den Nationalpark und dann die sogenannte **Los Pailas Rangerstation**.

Mit 142 km² Fläche erstreckt sich der Nationalpark über zwei Vulkane, den stark aktiven Rincón de la Vieja (1806 m Höhe) und den ruhenden Santa María. Ausbrüche 1995 und 1998 zerstörten viele Plantagen, der letzte Ausbruch erfolgte 2011. Im Nationalpark entspringen über 30 Quellflüsse, ein Lebensraum für eine mannigfaltige Tierwelt wie beispielsweise Pumas, Faultiere, Affen und Tapire.

Region Los Pailas ▸ Vulkangipfel

In der Nationalpark-Region Los Pailas am südlichen Hang des Vulkans Rincón de la Vieja (»Schlupfwinkel der alten Hexe«) beobachtet man viele geothermischen Aktivitäten, darunter heiße Schwefelquellen, Geysire und Fumarolen, d. h. brodelnde, blubbernde, auch stinkende und oft zischende Schlammlöcher.

Von der Rangerstation lassen sich mehrere Rundwanderungen unternehmen, etwa auf dem 6 km langen Sendero Los Pailas, auch ungeübten Besuchern zumutbar. Der Pfad macht mit zahlreichen Naturschönheiten und Besonderheiten des Rincón de la Vieja-Parks vertraut, etwa mit den typischen brodelnden Schlammlöchern, Pilas de Baro genannt, und den dampfenden Löchern (»hornillas«), die auf geothermische Aktivität hinweisen.

Die anspruchsvollste Tour führt durch Regenwald zum Gipfel des Vulkans: ein 8 km langer Weg, auf dem etwa 1100 Höhenmeter überwunden werden und bei dem der Hin- und Rückweg ca. acht Stunden dauern kann, auf den letzten 2 km herausfordernd steil und steinig. An klaren Tagen wird man belohnt mit einem Panoramablick bis zum Nicaragua-See. Aus dem gewaltigen Vulkankrater – an seinem Rand liegen mehrere Öffnungen – steigt Dampf auf, südlich liegt der Von-Seebach-Säuresee mit 250 m Durchmesser.

Hacienda Guachipelín

Das in der Nähe der Einfahrt zum Nationalpark gelegene Hotel **Hacienda Guachipelín** hat sich dem Ökotourismus verschrieben und unterhält außer seinem Hacienda-Restaurant einen Reitstall und offeriert diverse Aktivitäten für Besucher und Gäste. Besonders schön sind z. B. ein Ausflug zu Pferd, eine Tour zu Wasserfällen mit Badepools und heißen Mineralquellen sowie die geführte Wanderung zum aktiven Vulkankrater.

Auch Vogelbeobachtung ist lohnend, denn etwa 250 Arten leben im Park. Für abenteuerlustige Besucher gibt es Action: Sie können am Stahlseil durch eine Schlucht gleiten oder auf einem großen Gummireifen im Río Negro treiben. Wer hier im Hotel nicht übernachten möchte, ist schnell wieder in Liberia zurück.

INFORMATIONEN

Parque Nacionál Rincón de la Vieja

Guanacaste | Tel. 26 66 50 51 | www.acguanacaste.ac.cr | tgl. außer Mo 8–18 Uhr | 10 US-$

Im Nationalpark Rincón de la Vieja (▶ S. 66) gibt es unzählige Wandermöglichkeiten. Die Besteigung des Vulkans ist nur eine der Routen, wenn auch nicht die einfachste.

VON PUERTO LIMÓN INS CENTRO DE RESCATE JAGUAR

CHARAKTERISTIK: Eine Tour mit dem Mietwagen von Puerto Limón entlang der Karibikküste über Cahuita und Puerto Viejo de Talamanca in ein Rettungszentrum für Wildtiere **DAUER:** Tagestour **LÄNGE:** 120 km **EINKEHRTIPPS:** Restaurant Sobre las Olas, Playa Negra, Cahuita , Tel. 27 55 01 09, Mi–Mo 12–22 Uhr €€–€€€ | Jungle Love Garden Café, Playa Chiquita, 5 km südl. von Puerto Viejo de Talamanca, Tel. 27 50 01 62, www.junglelovecafe.com, Mi–Mo 17.30–21.30 Uhr €€ **AUSKUNFT:** Asociación Talamanqueña de Ecoturismo y Conservación (ATEC), Puerto Viejo de Talamanca, Av. 71 (Principal), Tel. 27 50 01 91, www.ateccr.org, Mo–Sa 8–20, So 10–18 Uhr

F 3

Der Ausflug ist am besten mit dem Mietwagen zu unternehmen, doch fährt auch ein Bus von Puerto Limón nach Puerto Viejo de Talamanca. Von dort aus benötigt man ein Taxi oder wandert 5 km zu Fuß am Strand entlang.

Puerto Limón ▸ Cahuita

Man fährt von **Puerto Limón** auf der Carretera 36 nach Süden und erreicht nach 35 km **Cahuita**. Der kleine karibische Ort entwickelte sich zu einem lebhaften Strandzentrum, das dennoch seine sympathische Atmosphäre früherer Jahre nicht verleugnen kann. Dazu tragen auch die vielen Backpacker und Individualreisenden bei sowie die überwiegend kleinen Hotels und stimmungsvollen Cafés und Restaurants in Strandnähe, aus denen Reggae-Musik schallt.

Ein Spazierweg führt in Strandnähe durch den kleinen **Parque Nacional Cahuita**, in dem ein Regenwald der Küstenregion sowie ein davor liegendes Korallenriff geschützt werden. Obwohl Schnorcheln im Park nur im Rahmen einer gebuchten Tour erlaubt ist, lohnt es sich, einmal einen Teil des »Beach Trails« zurückzulegen, der beim sogenannten Kelly-Creek-Eingang beginnt und zunächst über die Halbinsel gen Norden führt.

Cahuita ▸ Puerto Viejo de Talamanca

Nach einem weiteren Kilometer erreicht man **Puerto Viejo de Talamanca**, auch de Limón genannt. Die von Afro-Costa-Ricanern bewohnte Siedlung mit alternativem, multikulturellem Leben ist ein Synonym für unbeschwertes Party-Machen für junge Backpacker und Surfer aus den USA, Mittel- und Südamerika wie Europa geworden.

Puerto Viejo de Talamanca ▸ Centro de Rescate Jaguar

In Puerto Viejo biegt man links in die Carretera 256 ein oder läuft, Sonnenschutz und Mückenabwehr vorausgesetzt, zu Fuß am Strand entlang in das etwa 5 km südlich liegende **Centro de Rescate Jaguar**. Diese äußerst erfolgreiche Non-Profit-Organisation wurde von den spanischen Auswanderern Encar und Sandro, einer erfahrenen Biologin und einem engagierten Tierschützer, gegründet und betreibt seit 2008 die Rettung von Wildtieren, die als junge Waisen ohne Mutter, verletzt oder traumatisiert durch Gefangenschaft, in das Zentrum gelangen. Die Tiere werden mit viel Zuneigung und Zeit aufgezogen und behandelt und – wenn sie so weit sind – in das 4 km entfernte, 45 ha große Naturschutzgebiet **La Ceiba Natural Reserve** ausgewildert.

Bei einer äußerst interessanten und kurzweiligen Tour begegnet man unter anderem kleinen Affen, Wildkatzen, Papageien, Schlangen, Faultieren und Waschbären, Beuteltieren und Ameisenbären – Tiere, von denen einige aus den unterschiedlichsten Gründen nicht mehr in die Wildnis entlassen werden können. Die an Menschen gewöhnten und äußerst zutraulichen Tiere dürfen getragen und gestreichelt werden, und man darf so viel Zeit mit ihnen verbringen, wie man mag. Anschließend trinkt man einen Kaffee in einem der umliegenden Cafés und Restaurants mit Strandblick.

Centro de Rescate Jaguar ▶ Puerto Limón

Die Rückfahrt nach Puerto Limón erfolgt wieder über die Carretera 36.

INFORMATIONEN

Centro de Rescate Jaguar (Jaguar Rescue Center)

Ctra. 256, 6 km südl. Puerto Viejo de Talamanca (Puerto Viejo de Limón) | Tel. 27 50 07 10 | www.jaguarrescue.com | Führungen Jaguar Mo–Sa 9.30 und 11.30 Uhr, Führung durch das La Ceiba-Reservat tgl. 7 Uhr, Jaguar 18 US-$, Kinder frei, Ceiba 55 US-$, Kinder 10 US-$

Die karibische Küste beim Cahuita National Park (▶ S. 137) ist schön zum Baden, aber auch die Wege durch den kleinen Nationalpark sind dank der Affensichtungen spannend.

ABWECHSLUNGSREICHE TOUR IN DEN PARQUE NACIONAL VOLCÁN POÁS 9

CHARAKTERISTIK: Der Halbtagesausflug führt in den berühmten, in 2000 m Höhe gelegenen Nationalpark, der sich um einen Vulkan erstreckt **DAUER:** Halbtagestour **LÄNGE:** 70 km **EINKEHRTIPPS:** Poás Lodge & Restaurant, Poasito, Ctra. 120, 4 km vor dem Nationalpark, Tel. 24 82 10 91, www.poaslodge.com €€–€€€ | Restaurante & Hospedaje El Churasco, Poasito, 10 km vor dem Nationalpark, Tel. 24 82 21 35, www.elchurascocr.com €–€€ **AUSKUNFT:** ICT-Informationsbüro in San José, Ctra. General Cañas, Ostseite der Juan-Pablo-Brücke, Tel. 22 99 58 00, www.visitcostarica.com, Mo–Fr 8–16 Uhr

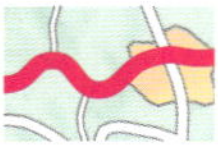

D 3

Der Ausflug kann außer mit dem Mietwagen auch mit einer organisierten Tour oder mit dem Linienbus (TUASA, San José, Parque La Merced, Av. 2/Calles 12–14, tgl. 8.30 Uhr, ca. 9 Uhr ab Alajuela, ca. 2 Stunden Fahrzeit von San José, Rückfahrt 14.30 Uhr, 3,50 US-$) unternommen werden. Zu bedenken bei der Planung der Tour ist die Tatsache, dass es im Parque Nacional Volcán Póas (wegen der Höhe) stets empfindlich kalt ist, nächtliche Temperaturen unter den Gefrierpunkt fallen können und es häufig regnet. Die beste Sicht hat man im Übrigen nur bis 10 Uhr morgens. Bei einer Übernachtung in der Nähe des Parks kann man in aller Frühe die Aussicht auf dem Gipfel genießen.

Alajuela ▶ Besucherzentrum

Eine gute befahrbare Straße führt zum 35 km nördlich der Stadt **Alajuela** in der Cordillera Central gelegenen, 6500 ha großen Nationalpark und fast bis zum Kraterrand. An den Hängen des Vulkans ziehen sich die Kaffeeplantagen bis weit nach oben. Der 2708 m hohe Vulkan ist berüchtigt für seine Aktivität und unvorhergesehenen Ausbrüche, die letzten größeren erfolgten 1910, 1952 und 1978. Nach wie vor steigt regelmäßig schwefeliger Rauch aus dem gewaltigen Krater auf.

Kurz nach der Einfahrt in den Nationalpark gelangt man zum Parkplatz am Besucherzentrum. Da der **Parque Nacional Volcán Poás** 9 einer der am meisten besuchten des Landes ist, wurden hier nicht nur Ausstellungen zum Vulkanismus, zur Naturgeschichte des Parks und eine Insektensammlung eingerichtet, sondern auch ein Souvenirshop und eine Cafeteria.

Besucherzentrum ▶ Hauptkrater

Vom Besucherzentrum führt zunächst ein rund 600 m langer Fußweg zum nördlich gelegenen Krater (1320 m Durchmesser). Er führt entlang ungewöhnlich großblättriger Pflanzen, die von den Einheimischen scherzhaft »Regenschirm der Armen« genannt werden, da man sich die über 1 m breiten Blätter bei einem der häufigen Regenfälle schnell über den Kopf halten kann. Reizvolles Fotomotiv ist auch der aktive Säuresee, Laguna Caliente,

Der Vulkan Poás im Poás-Nationalpark (▶ MERIAN TopTen, S. 115) hat zwei Kraterseen, hier die blaue Laguna Botos, die man nach einer Wanderung durch dichten Wald erreicht.

der 300 m tief ist, einen Durchmesser von 360 m aufweist und durch seine türkisblau bis grünlich schimmernde Farbe einen unwirklichen Eindruck inmitten der kargen Umgebung macht. Das Wasser darin brodelt, beständig steigt Rauch auf, am Rande des Sees liegen Geysire und Fumarolen, die ein Übriges dazu beitragen, dem Ort seine ungewöhnliche Atmosphäre zu geben. Eine Aussichtsplattform ist ideal für Fotos.

Hauptkrater ▶ Laguna Botos

Vom Krater gelangt man über einen weiteren, etwa 1 km langen Wanderpfad durch dichten Nebelwald mit zahlreichen Vögeln wie Kolibris zum höher und südöstlich gelegenen älteren und erloschenen Krater. Zentrum ist die blaue Laguna Botos, die von dichtem Wald umgeben ist. Für den Rückweg zum Parkplatz und Besucherzentrum wählt man dann am besten einen kleinen »Lehrpfad«, an dem Schilder auf Pflanzenarten hinweisen.

INFORMATIONEN

Parque Nacional Volcan Poás

Alajuela | Tel. 24 82 21 65 | tgl. 8–15.30 Uhr | 10 US-$

MIT DEM SCHIFF DURCH DEN PANAMAKANAL

CHARAKTERISTIK: Stopover vor oder nach der Reise durch Costa Rica in Panama-Stadt oder Tour mit dem Mietwagen/Bus von Costa Rica nach Panama-Stadt **DAUER:** 2–4 Tage **LÄNGE:** vom Costa Rica/Panama-Grenzort Paso Canoas fährt man 500 km nach Panama-Stadt **EINKEHRTIPPS:** Hotel Los Olivos (mit Autovermietung), Ctra. 2 (Panamericana), gegenüber der City Mall, Paso Canoas, Tel. (0 05 06) 27 32 04 04 (Costa Rica), (0 05 07) 63 86 04 03 (Panama), www.hotelenpasocanoas.com, 16 Zimmer € | Hotel Las Clementinas, Calle 11/Av. B, Casco Antiguo (Viejo), Panama-Stadt, Tel. (5 07) 228 76 13, www.lasclementinas.com, 6 Zimmer €€€ | Hotel Montreal, Vía España Pasando Iglesia Del Carmen, Panama-Stadt, Tel. (5 07) 2 63 44 22, www.hotelmontrealpanama.com, 84 Zimmer € **AUSKUNFT:** Die Autoridad de

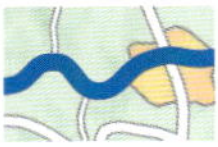

Turismo de Panamá (ATP) unterhält Informationskioske im Flughafen und in der Altstadt, www.visitpanama.com, www.panamainfo.com
KARTE: ▶ S. 163

Nicht wenige Besucher Costa Ricas haben den Wunsch, ihre Reise nach Zentralamerika mit einem Besuch des Panamakanals zu verbinden. Ein mehrtägiger Stopover in Panama würde sich allerdings nicht lohnen, da die überwiegend moderne Hauptstadt für Besucher wenig anziehend wirkt und das stark restaurierungsbedürftige koloniale Altstadtviertel nur sehr klein ist. Der berühmte Kanal hingegen übertrifft alle Erwartungen.

Ein Zwischenstopp in **Panama-Stadt** auf dem Flug von Europa nach San José (oder umgekehrt) ist z. B. mit der Fluggesellschaft Condor möglich. Will man die Strecke zwischen Panama-Stadt und San José nicht fliegen, sondern über Land zurücklegen, bieten sich Bus oder Mietwagen an. Leihwagen dürfen allerdings die Grenze zwischen den beiden Ländern nicht überqueren, sodass man eine halbe Strecke mit dem Bus zurücklegen muss. Von San José nach Paso Canoas an der Grenze zwischen Panama und Costa Rica sind es 370 km, von Paso Canoas nach Panama-Stadt 500 km (dafür braucht der Bus 8–9 Stunden).

Panama-Stadt

Die 1,3 Mio. Einwohner zählende Stadt gehört zu den modernsten Städten Zentralamerikas; Hochhäuser prägen das Bild, daneben liegen Elendsviertel, auch vom Zerfall bedrohte koloniale Bauwerke. Einen wunderbaren Blick auf die Skyline der kosmopolitischen Metropole bekommt man vom Ancon Hill; anschließend sollte man die von der UNESCO zum Welterbe erklärte Altstadt, Casco Antiguo (Casco Viejo), besuchen. Erst in jüngster Zeit begann man damit, die zerfallenen Bauwerke, darunter mehrere Kirchen und zahlreiche prächtige Paläste, zu restaurieren. Es zogen Bars, Boutiquen und Cafés in die Häuser ein und machen den einstigen heruntergekommenen Stadtteil

Der Panamakanal
0
15 km
N
Karibisches Meer
Pta. Manzanillo
L. Lintón
Cacique
Pta. del Cortesa
Puerto Lindo
Garrote
San Antonio
Pta. Las Huertas
Bahía de Portobelo
Portobelo
Co. Guanche 434
Pta. Guanche
Parque Nacional Portobelo
Co. Buja 979
Alto de la Cruz
Pta. Gorda
Río Piedras
792 Co. Sto. Domingo
Piedras
María Chiquita
B. las Minas
I. Largo Remo
Las Mercedes
Boquerón
Boquerón Arriba
Coco Solo
Pta. Toro
Colón
Cativá
Río Alejandro
Pto. Pilón
Sabana Gde.
273 Co. Sta. Rita
Fuerte San Lorenzo
Sherman Forest Reserve
Cristóbal
I. Advent
Gatun
Sardinilla
Parque Nacional Chagres
I. Zorra
Gatún-Schleusen
Gatún
Nva. Providencia
Buena Vista
Alajuela-See
Chico
Medio
Gatún-See
El Limón
Alto Divisa
Nvo. Vigía
I. Juan Gallego
Co. Salud 356
Gatuncitlo
Nvo. San Juan
Panamakanal
Chagres
Calzada Larga
Buenos Aires
Caimitillo
I. Barro Colorado
Chilibre
Escobal
Barro Colorado Natural Monument
Parque Nacional Soberanía
María Eugenia
Gamboa
Alcalde Díaz
Gigantito
Jardín Botánico Summit
Co. Balboa 349
Las Cumbres
Lagarterita
Summit
P. N. Camino de Cruces
Arenosa
La Laguna
Paja
Paraíso
Mendoza
Sta. Clara
Puente Centenario
Cerro Cama
Nvo. Emperador
Corozal
Trinidad
Miraflores-Schleuse
Arosemena
Río Congo
Arraiján
Panamá
El Saíno
Farfán
Amador Causeway
Vista Alegre
Nvo. Arraiján
Fuerte Kobbe
507
Veracruz
Isla Perico
Pueblo Nvo.
Caimito
La Chorrera
Sta. Rita
Vacamonte
Pto. Caimito
Los Mortales
La Mitra
Bahía de Panamá
Isla Taboga
Caimito
Villa Carmen
© MERIAN-Kartographie

immer mehr zu einem trendigen Ausgehviertel, in dem man auch nach Sonnenuntergang mit der nötigen Vorsicht bummeln kann.
Ebenfalls ein Muss: die Fahrt über den mehrere Kilometer langen und durch den Pazifik führenden **Amador Causeway**, der zur Halbinsel Amador führt, wo man im dortigen Jachthafen in einem der vielen Cafés die lebhafte Atmosphäre genießen kann. Von hier aus starten auch die Schiffe zu einer Tour durch den Panamakanal. Highlight ist auch das am Beginn des Amador Causeway (Calzada Amador) liegende und Ende 2014 eröffnete **Museo de la Bioversidad**, bislang das einzige von Stararchitekt Frank Gehry in Lateinamerika entworfene Bauwerk, ein gewaltiges, nicht nur vom Entwurf her spektakuläres Museum, das sich der einzigartigen Bedeutung des Landes als Landbrücke zwischen Nord- und Südamerika widmet und zeigt, was diese »Brücke des Lebens« bedeutet.

Der berühmte Kanal

Der Panamakanal durchquert mit 82 km Länge die Landenge von Panama vom Pazifik (Panama-Stadt) nordwärts nach Colón am Atlantik und erspart Schiffen die Fahrt um Kap Hoorn an der Südspitze von Südamerika. Der Kanal, bei dessen Bau mehr als 20 000 Menschen ihr Leben verloren (etwa ein Viertel der Arbeiter), weil sie an Malaria und anderen Tropenerkrankungen starben, wurde 1914 eröffnet. Eine geniale Ingenieurleistung, die etwa 14 000 mittelgroßen Schiffen (bis 294 m Länge und 32 m Breite) pro Jahr die Durchfahrt erlaubt, eine Passage, die 11–15 Stunden dauert und für die zahlreiche Lotsen und Schlepper benötigt werden. Die legendäre, von den USA finanzierte und gebaute Wasserstraße sollte ursprünglich im Besitz der USA verbleiben, bis der damalige US-Präsident Jimmy Carter einen neuen Vertrag unterzeichnete, der besagte, dass vom Jahr 2000 an Panama die volle Souveränität über die Kanalzone erhält, ein Ereignis, das in Panama gebührend gefeiert wurde. Seit 2007 wird der Kanal zudem erweitert und soll ab 2016 die Passage für doppelt so große Schiffe ermöglichen. Die Berechnung der Kanalnutzungsgebühren ist kompliziert; sie lassen sich teilweise im Voraus buchen und auch ersteigern; ein Kreuzfahrtschiff mit 2000 Passagieren zahlt etwa 400 000 US-$ pro Passage.

Verlauf und Schleusen

Einen Überblick über den Kanal und sein Schleusensystem erhält man zunächst beim Besuch der **Miraflores-Schleusen**. Von Balboa, einem Vorort von Panama-Stadt, führt der Kanal unter der vierspurigen Puente de las Americas-Brücke hindurch zu den zwei Schleusen von Miraflores. Dort werden die Schiffe um insgesamt 16,5 m auf das Niveau des Miraflores-Sees gehoben. An der nachfolgenden Schleuse von Pedro Miguel werden die Schiffe um weitere 9,5 m auf das Niveau der Hauptstrecke angehoben. Durch den Gaillard-Kanal oder Durchstich (Culebra Cut) geht die Fahrt durch einen Bergrücken, die kontinentale Wasserscheide, in den Río Chagres. Am Beginn dieses gewaltigen Abschnittes überquert die sechsspurige Puente Centenario, die Jahrhundertbrücke, den Kanal in 80 m Höhe. Im aufgestauten Río Chagres und in 30 km langen, ausgebaggerten Fahrrinnen des auf 26 m Höhe über dem Meer aufgestauten Gatún-Sees führt die Fahrt entlang mehrerer Inseln zu den Gatún-Schleusen und dann wieder hinunter auf Atlantik-Niveau.

INFORMATIONEN

Centro de Visitantes de Gatún

▶ S. 63, c 5

Gatún-Schleusen, Colón | tgl. 8–16 Uhr

Centro de Visitantes de Miraflores (CVM)

▶ S. 63, c 5

Ostseite der Miraflores-Schleusen | Tel. (5 07) 2 76 83 25 | www.visitcanaldepanama.com | tgl. 9–16.30 Uhr

Museo de la Bioversidad

Calzada de Amador, Panama-Stadt | www.biomuseo panama.org | Mo, Mi–Fr 9–15, Sa, So 10–17 Uhr | 22 US-$

Museo del Canal Interoceánico de Panamá

▶ S. 63, c 5

Calle 5a Este | Casco Antiguo, Panama-Stadt | Tel. (5 07) 2 11 16 49 | www.museodelcanal.com | Di–So 9–17 Uhr

GELD

Die panamaische Währung Balboa (oft abgekürzt B/.) entspricht dem US-Dollar, man kann überall in Panama auch mit US-$ bezahlen.

KANALTOUREN

Diverse Reiseveranstalter in Panama-Stadt bieten Schiffstouren durch den Kanal an, die man in allen Reisebüros und vielen Hotels und auch im Internet buchen kann. Die Kapazität der Boote liegt zwischen 20 und mehreren Hundert Passagieren, die Touren sind unterschiedlich lang.

Ganz klein wirkt die riesige Schleuse im Panamakanal angesichts des Ozeanriesens. Der Kanal wird derzeit ausgebaut und soll ab Mitte 2016 noch größere Schiffe fassen können.

Costa Rica exportiert unter anderem Kaffee, Ananas und Papayas.

COSTA RICA ERFASSEN

AUF EINEN BLICK

Hier erfahren Sie alles, was Sie über Costa Rica wissen müssen – kompakte Informationen über Land und Leute, von Bevölkerung, Geografie und Lage über Politik, Verwaltung und Religion bis zu Wirtschaft.

BEVÖLKERUNG

Die costa-ricanischen Männer werden **Ticos**, die Frauen **Ticas** genannt. Ganz ungewöhnlich für Lateinamerika: Die Bevölkerung setzt sich zusammen aus 75% Weißen (Kreolen, Nachfahren spanischer Einwanderer), 15% Mestizen, 3% Schwarzen (Afrikaner aus der Karibik), 1,7% Indigenen, 1% Chinesen. Der Migrantenanteil ist mit 8% recht hoch, es handelt sich dabei hauptsächlich um Einwanderer und Wirtschaftsflüchtlinge aus den Nachbarländern Mittelamerikas (Nicaragua, Honduras, Guatemala). Etwa 60% der Menschen leben in Städten, zwei Drittel im Hochland (Meseta Central und Valle Central). Seit 1980 hat sich die Bevölkerungszahl mehr als verdoppelt, das Bevölkerungswachstum beträgt 1,3%.

LAGE UND GEOGRAFIE

Costa Rica liegt in **Mittelamerika** zwischen Nicaragua im Norden und Panama im Süden zwischen dem 8. und 11. nördlichen Breitengrad und dem 82. und 85. westlichen Längengrad; es grenzt sowohl an den Atlantik (Kari-

◀ Der öffentliche Nah- und Fernverkehr in Costa Rica ist gut und günstig.

bik) als auch an den Pazifik. In den vulkanischen Bergketten liegen eine Vielzahl erloschener und aktiver Vulkane, darunter Turrialba, Poás, Irazú und Arenal. Mit 3819 m ist der Chirripó Grande der höchste Berg des Landes. Im etwa 50 × 25 km großen Valle Central befinden sich die Hauptstadt San José und weitere größere Städte; die Halbinsel Nicoya erstreckt sich im Nordwesten des Landes, ein teilweise sumpfiges Schwemmland an der Karibikküste. Costa Rica verfügt über ausgedehnte Regenwälder, fast ein Drittel der Landesfläche (27 %) steht unter Naturschutz.

POLITIK UND VERWALTUNG

Die präsidiale Republik Costa Rica gilt als stabile Demokratie. Der Präsident, gleichzeitig Regierungschef, wird direkt vom Volk für vier Jahre gewählt, eine einmalige Wiederwahl ist nach achtjähriger Pause möglich. Der Präsident ernennt die Minister und Gouverneure der sieben Provinzen. Im Einkammer-Parlament sind 57 Abgeordnete vertreten, sie können nach vierjähriger Pause einmal wiedergewählt werden und haben u. a. die Befugnis, die Entscheidungen der Regierung mit Zweidrittelmehrheit zu widerrufen. Der Sozialstaat Costa Rica, seit 1949 ohne Militär und mit vorbildlichem Bildungssystem, gliedert seine Verwaltung in sieben Provinzen, 81 Kantone und 421 Distrikte (Gemeindebezirke).

RELIGION

In Costa Rica herrscht **Religionsfreiheit**, der Katholizismus ist nach der Verfassung von 1949 Staatsreligion, 71 % der Bevölkerung sind römisch-katholisch. Missionierungstätigkeit US-amerikanischer evangelischer Protestanten führte zu einem Anstieg auf 14 %. Mehr als 1 % sind Zeugen Jehovas, sie leben vornehmlich an der Karibikküste. 8 % geben in einer Befragung der Universität von Costa Rica »ohne Religion« an.

SPRACHE

Landessprache (Amtssprache) ist **Spanisch** mit costa-ricanischen Eigenarten und Wortkreationen. An der Karibikküste spricht man Englisch und englisches Kreol. Da die Mehrheit der Touristen aus Nordamerika kommt, ist besonders im Tourismusgewerbe auch Englisch verbreitet, so gibt es in vielen Restaurants auch Speisekarten in englischer Sprache. 3 % der Costa Ricaner sprechen eine der Sprachen der indigenen Ureinwohner.

WIRTSCHAFT

Costa Ricas Marktwirtschaft ist exportorientiert (Kaffee, Bananen, Ananas), die **Landwirtschaft** ist nach dem **Tourismus** der wichtigste Devisenbringer.

AMTSSPRACHE: Spanisch
EINWOHNER: 4,9 Mio.
FLÄCHE: 51 100 qkm
HAUPTSTADT: San José
INTERNET: www.visitcostarica.com
RELIGION: 71 % Katholiken, 14 % Protestanten, 8 % ohne Religion
STAATSFORM: Präsidialrepublik
STAATSOBERHAUPT: Luis Guillermo Solís
VERWALTUNG: 7 Provinzen, 81 Kantone, 421 Distrikte
WÄHRUNG: Colón (Pl. Colones)

GESCHICHTE

Von den Jägern und Sammlern zu den geheimnisvollen Hochkulturen der Chorotega und Brunca bis zu den spanischen Eroberern und einem Präsidenten, der den Friedensnobelpreis erhielt. Costa Ricas Weg zu einer bemerkenswerten Demokratie.

500 v. Chr. Guayabo wird gegründet

Die ersten Siedler, nämlich Sammler und Jäger, werden im heutigen Costa Rica sesshaft. Schnell entdecken sie, dass das Land geeignet ist zum Anbau von Grundnahrungsmitteln und zahlreicher Gemüsesorten. Um das Jahr 500 vor der Zeitenwende erfolgt die Gründung der Siedlung **Guayabo**. Die einzige heute erhaltene präkolumbische Stätte des Landes liegt malerisch in 1100 m Höhe an den Hängen des Vulkans Turrialba. In seiner Blütezeit, 300–700 n. Chr., wird das etwa 200 ha umfassende **Guayabo** mit steinernen Gebäuden, gepflasterten Straßen, Dämmen, Aquädukten, Treppen und Zisternen weiterentwickelt. Um das Jahr 1400 lebten in Guayabo etwa 10 000 Menschen, doch noch im gleichen Jahrhundert wurde der Ort von seinen Bewohnern aus unbekannten Gründen verlassen. Urwald überwuchert die Gebäude und Mauern, und erst seit 1968 werden die Überreste von Guayabo von Dr. Carlos Aguilar von der Universität von Costa Rica ausgegraben. Bis dato wurden ca. 20 ha freigelegt. Guayabo fasziniert heute als Nationalpark und -monument.

800–1500 n. Chr. Blüte der präkolumbischen Völker

Die Chorotega kamen um 500 aus dem südlichen Mexiko nach Guanacaste

10 000 v. Chr.

Die ersten Einwanderer erreichen Zentralamerika und das heutige Costa Rica.

500 v. Chr.

Sammler und Jäger werden sesshaft und beginnen mit dem Anbau von Mais und Bohnen.

500–800 n. Chr.

Entstehung von indigenen Kulturgesellschaften: Chorotega in Guanacaste, Huetares im gesamten Costa Rica, Brunca im südlichen Costa Rica.

(Gran Nicoya) und sprachen einen Nahuatl-Dialekt. Sie bauten Mais, Bohnen, Früchte, Kürbis, Baumwolle und Kakao an und fertigten kunstvolle Keramik, auch Schlangen-, Affen-, Jaguar-Figuren, die sie in Rot und Schwarz bemalten. Diese Tradition lebt heute in den Orten Guaitil and San Vicente auf der Nicoya-Halbinsel fort. Die Brunca – vermutlich aus Panama kommend – siedelten an der südlichen Pazifikküste und gelten als die Urheber der runden **Steinkugeln**, die bis zu 16 t schwer sind. Sie schnitzen hölzerne Masken, die sie heute beim »Juego de los Diablitos« (Tanz der Teufelchen) vorführen.

Heute leben noch ca. 60 000 Angehörige von acht indigenen Gruppen in knapp zwei Dutzend Reservaten in Costa Rica.

1502 Kolumbus geht auf seiner letzten Fahrt vor Anker

Bei seiner vierten und letzten Reise in die Neue Welt mit vier kleineren Schiffen und 150 Mann Besatzung ankerte Kolumbus am 18. September 1502 für 17 Tage an der Karibikküste vor der Insel Uvita bei der heutigen Hafenstadt Puerto Limón. Die Indigenas der Region paddelten in ihren Kanus zum Schiff und hießen die Fremden auf das Freundlichste willkommen. Den spanischen Seefahrer Gil Gonzalez Davila veranlassten ihre goldenen Reifen, die sie an Nasen und Ohren trugen, dazu, das Land **»reiche Küste«** zu nennen. Ein trauriges Kapitel in der Geschichte des Landes nahm seinen Anfang: Durch die bei den Ureinwohnern unbekannten Pocken, die die Spanier mitbrachten und gegen die die Menschen keine Abwehrkräfte besaßen, ebenso wie durch Flucht in die Berge und den Dschungel starben sehr viele Indigenas einen frühen Tod.

1562–1575 Die Spanier erobern Costa Rica

Mit der Landung von Kolumbus begann ein gewaltvoller Abschnitt der costa-ricanischen Geschichte. Nur wenige Jahre später erkunden Spanier das ihnen unbekannte und für sie so exotische Land. Ab 1519 erforscht insbesondere der spanische Seefahrer Hernán

800–1500

Blüte der Kulturvölker: Die Chorotega widmen sich der Herstellung von Jadeschmuck, die Brunca erschaffen perfekt geformte runde Steinkugeln.

1502

Kolumbus geht auf seiner vierten Reise vor der Insel Uvita bei der heutigen Stadt Puerto Limón zwei Wochen vor Anker.

1540

Costa Rica wird der spanischen Audiencia Guatemala angeschlossen und von dort verwaltet.

Ponce de León von Panama aus die Küsten der Halbinsel Osa (Golfo Dulce) und des Golfs von Nicoya; 1522 gehen Spanier auf der Halbinsel Nicoya an Land und gründen 1524 die erste spanische Siedlung. Die Chorotega wehren sich verzweifelt gegen die Besitznahme ihres Landes, worauf Spanier ihre Siedlungen zerstören und viele Menschen töten. 1540 wird Costa Rica der spanischen Audiencia Guatemala angeschlossen und von dort verwaltet. 20 Jahre später erobert der spanische Verwalter von Nicaragua, Juan de Cavallón, das Hochland von Costa Rica und gründet mehrere Siedlungen, darunter 1563 **Cartago**, das bis 1823 die Hauptstadt des Landes bleibt. 1575 legt der spanische König Felipe II. die Grenzen von Costa Rica fest: Es erstreckt sich von Panama nach Norden bis Nicaragua, doch zunächst ohne die Provinz Guanacaste.

1855–1856 William Walker gegen Juan Santamaria

Der 1824 in Tennessee geborene William Walker studierte Medizin und Jura und arbeitete ab 1849 in San Francisco als Journalist. Dort entwickelte der umtriebige Walker die verrückte Idee, mehrere Staaten Mittelamerikas durch private Militäraktionen zu erobern und mit Weißen zu besiedeln. Ab 1853 unternimmt Walker den Versuch, das mexikanische Sonora und Baja California zu besetzen und zu Republiken zu machen, eine Aktion, die am vehementen Widerstand aus Mexiko scheitert. 1855 schaltete sich Walker in den Bürgerkrieg in Nicaragua ein und übernahm dort ein Jahr später die Herrschaft; von 1856–1857 ist der US-Amerikaner Präsident von Nicaragua. In dieser Zeit marschierte Walker mit vier Kompanien, darunter eine deutsche und eine französische, in Costa Rica ein und wird in der Schlacht von Santa Rosa von der costa-ricanischen Armee am 20. März 1856 geschlagen. Diese marschierte anschließend in Nicaragua ein, und in einer weiteren Auseinandersetzung mit Walker in der Schlacht von Rivas spielte **Juan Santamaría**, Nationalheld Costa Ricas, eine entscheidende Rolle. Ein Unterschlupf

1562

Juan Vázquez de Coronado und Juan de Cavallón aus Nicaragua erobern das Valle Central; bis 1572 ist die Eroberung des Landes abgeschlossen.

1563

Cartago wird gegründet. 1574 wird die Siedlung zur Hauptstadt Costa Ricas und 1823 als Hauptstadt von San José abgelöst.

1663–68

Heftiger Widerstand gegen die katholische Zwangsmissionierung und Versklavung der indigenen Bevölkerung.

von Walkers Söldnertruppe wird von ihm in Brand gesetzt, eine Aktion, bei der auch Santamaría am 11. April 1856 ums Leben kommt.

1890–1910 Eisenbahnstrecken zu den Küsten

Im 19. Jh. beginnt man mit dem Bau von Eisenbahnlinien, die verlegt werden durch Afro-Costa-Ricaner, deren Vorfahren aus Jamaika stammen. Ziel des Unternehmens war die Schaffung von Verkehrsverbindungen zwischen der Hauptstadt San José und der Atlantik- bzw. Pazifikküste. Eine wichtige Strecke, die 1890 fertiggestellt wurde, war die 106 km lange Verbindung von San José über Siquirres nach Puerto Limón. Die von der Bevölkerung auch Bananenbahn genannte Eisenbahn führt teilweise durch dichten Dschungel, der Bau forderte außerordentlich viele Menschenleben.
1910 schließlich konnte die 130 km lange Strecke zum Pazifik eingeweiht werden. Die Dampflokomotiven wurden ab 1930 durch Dieselloks abgelöst, später wurden die Strecken elektrifiziert. Ab 1991 wurden die Strecken stillgelegt mit der Ausnahme von einigen Güterzügen und zwei Vorortbahnen von San José.

1899 Gründung der United Fruit Company

Die Gründung der United Fruit Company (UFC, UFCO) in Boston erfolgte zu dem Zweck, in Lateinamerika angebaute Bananen in den USA und Europa gewinnbringend zu vermarkten. Die Gesellschaft, die schnell reich und mächtig wurde, mischte sich im 20. Jh. zunehmend in die Politik lateinamerikanischer Staaten ein und finanzierte Eisenbahnstrecken zum Transport ihrer Bananen. In Mittelamerika wurde die United Fruit Company zum Besitzer riesiger Ländereien und avancierte zu einem bedeutenden Wirtschaftsfaktor mit gewaltigem Einfluss. Im Jahre 1954 veranlassten der US-amerikanische Außenminister John Foster Dulles, zuvor Anwalt der UFO, und sein Bruder Allen, Chef der CIA, den Sturz einer UFC-kritischen Regierung in Guatemala; daraufhin folgte dort eine

1821
Am 15. September erklärt Guatemala die Unabhängigkeit von Spanien für alle Völker Mittelamerikas.

1823

San José wird Hauptstadt von Costa Rica und löst Cartago in dieser Funktion ab.

Ab 1830
Beginn des Kaffeeanbaus im Valle Central, 1832 erfolgt der erste Export nach Chile.

40-jährige Militärdiktatur. In Honduras erfolgten vier US-Interventionen. Die UFC geriet ab 2000 zunehmend in die Kritik der Medien, die die Behandlung von Mitarbeitern und Lieferanten und den zu sorglosen Umgang mit der Umwelt bemängelten. 1970 wurde die Firma in United Brands Company, 1990 in **Chiquita** Brands umbenannt.

1949 Abschaffung des Militärs

Seit den ersten freien Wahlen 1889 wurde Costa Rica zunehmend von autoritären Präsidenten regiert, die teilweise diktatorische Züge hatten. Nach umstrittenen Wahlen, die 1948 zu einem Bürgerkrieg führten, übernahm José María Figueres Ferrer die Führung des Landes, verbot die Kommunistische Partei, führte das Frauenwahlrecht ein, verlieh den Afro-Costa-Ricanern die Bürgerrechte, begrenzte die Amtszeit der Präsidenten und löste die Armee auf: Der Artikel 12 der Verfassung von 1949 verbietet die Einrichtung eines stehenden Heeres. Costa Rica investierte in das Gesundheitswesen, das Bildungswesen und betrieb eine Agrarreform. Diese Entwicklung führte zu dem weit verbreiteten Attribut »**Schweiz Zentralamerikas**«. 1983 erklärte Costa Rica seine **Neutralität**.

1987 Präsident Sánchez erhält den Friedensnobelpreis

Der 1940 in Heredia geborene Óscar Rafael de Jesús Arias Sánchez war von 1986–1990 und 2006–2010 Präsident von Costa Rica. In beiden Amtszeiten setzte er sich vornehmlich für einen Demokratisierungsprozess, die Bekämpfung der Korruption und für Frieden in Zentralamerika ein.
Beim zentralamerikanischen Gipfeltreffen am 7. August 1987 in Esquipulas (Guatemala) legte er einen sogenannten **Arias-Sánchez-Plan** vor, der Gespräche mit nationalen Guerillas, das Verbot der Unterstützung von Guerillas in den Nachbarländern, die Manifestierung von demokratischen Grundrechten und das Recht auf freie Wahlen enthielt. Der Plan wurde von den Präsidenten von Honduras, Nicaragua, El Salvador und Guatemala unterzeichnet. Für seine Bemühungen um einen

1838
Zusammenbruch der zentralamerikanischen Föderation.

1855
William Walker will Zentralamerika erobern und wird ein Jahr später besiegt.

1890
Die Eisenbahnstrecke zum Atlantik wird fertiggestellt.

1899
Gründung der United Fruit Company.

dauerhaften Frieden in Mittelamerika wurde Óscar Rafael de Jesús Arias Sánchez 1987 der Friedensnobelpreis verliehen.

2009 CAFTA wird am 1. Januar eingeführt

Das Central American Free Trade Agreement, ein Freihandelsvertrag zwischen Kanada, den USA und Zentralamerika, wird vom costa-ricanischen Präsidenten Óscar Arias Sánchez unterstützt. In Costa Rica regt sich breiter Widerstand in der Bevölkerung (»NO! al TIC«), da man befürchtet, dass das Abkommen im Wesentlichen den USA nützt und die landwirtschaftlichen Exporte und wirtschaftliche Entwicklung des Landes behindert. Zahlreiche große Demonstrationen der Gegner sahen sich einer Millionen-Dollar-Kampagne der Befürworter gegenüber. In einem Referendum stimmt die Bevölkerung 2007 dem Abkommen mit äußerst knappem Ergebnis zu. In den anschließenden Jahren bis 2013 erhöhen sich die Exporte Costa Ricas in die USA um 40 Prozent.

2014 Luis Guillermo Solís wird Präsident

Mit einem Stimmenanteil von knapp 78 Prozent errang der ehemalige Universitätsdozent bei den Stichwahlen um das Präsidentenamt einen klaren Sieg. Der Politikneuling Solís begann mit Investitionen im Bildungsbereich und zahlreichen Maßnahmen, um die rasch wachsende Armut zu bekämpfen.

Anfang 2015 kündigte er auf einer Pressekonferenz über 70 Reformen an, die die soziale Lage der Afro-Kariben in der Provinz Limón verbessern sollen, darunter weitere infrastrukturelle Erschließung und diverse Bildungsmaßnahmen sowie Ausbildungstraining für unterprivilegierte Jugendliche.

2015 Ausbruch des Turrialba

Im März wurden ganze Dörfer evakuiert und der Flughafen von San José geschlossen, nachdem der Vulkan Turrialba ausgebrochen ist und Aschewolken bis nach San José sandte. Sein Ausbruch im Oktober 2014 war nur ein Vorbote gewesen.

1949 Die Abschaffung des Militärs wird in der Verfassung festgeschrieben.

1987 Präsident Óscar Arias Sánchez erhält den Friedensnobelpreis.

2006 Óscar Arias Sánchez wird zum zweiten Mal Präsident.

2009 CAFTA (Central American Free Trade Agreement) wird eingeführt.

2014 Luis Guillermo Solís wird Präsident von Costa Rica. Der Vulkan Turrialba bricht aus, es entsteht ein neuer Krater.

KULINARISCHES LEXIKON

A
aceite – Öl
agua mineral – Mineralwasser
aguacate – Avocado
ajo – Knoblauch
almejas – Muscheln
arreglados – Sandwich mit Wurst und Käse
arroz – Reis
atún – Thunfisch
azúcar – Zucker

B
banano – Banane
bebida – Getränk
boca – Appetithappen

C
cabrito – Lamm
cacahuates – Erdnüsse
café con leche – Kaffee mit Milch
– negro – schwarzer Kaffee
caliente – heiß
camaron – Krabbe
carne de cerdo – Schweinefleisch
– de pato – Entenfleisch
– de pollo – Hähnchenfleisch
carta – Speisekarte
cas – Frucht, die als Getränk oder Gelee auf den Tisch kommt
casado – Reis, rote Bohnen, Fleisch und Kochbananen
cebolla – Zwiebel
cena – Abendessen
cerveza – Bier
comida – (Mittag-)Essen
cuchara – Löffel
cuchillo – Messer
culantro – Koriander

D
desayuno – Frühstück
dulces – Süßigkeiten

E
escalope – Schnitzel
espinacas – Spinat

F
flan – Karamellcreme
fresco – Fruchtsaftgetränk
frijoles – Bohnen
frito – gebacken

G
gallo – gefüllte Tortillas
gallo pinto – Reis mit roten Bohnen
gambas – Garnelen
guacamole – Avocadopüree
guisantes – Erbsen

H
helado – Speiseeis
hervido – gekocht
hielo – Eis
hígado – Leber
hongos – Pilze
huevo – Ei
huevos revueltos – Rühreier

J
jamón – Schinken
judías – dicke weiße Bohnen
jugo – Saft

L
langosta – Hummer
leche – Milch
lechuga – grüner Salat

lenguado – Seezunge
lentejas – Linsen
limón – Limone, Limette

M

maíz – Mais
mantequilla – Butter
manzana – Apfel
mariscos – Meeresfrüchte
melocotón – Pfirsich
miel – Honig

N

naranja – Apfelsine
nata batida – Schlagsahne
natilla – Sauerrahm
natural – Fruchtsaft (unverdünnt)
nueces – Nüsse

P

pan – Brot
– dulce – Kuchen
– integral – Vollkornbrot
papas – Kartoffeln
pargo – Brasse
pastel – Kuchenstück
pejibaye – Palmfrucht
pepino – Gurke
pera – Birne
pescado – Fisch
pez espada – Schwertfisch
picadillo – klein gehacktes Gemüse
pimienta – Pfeffer
pimiento – Paprikaschote
piña – Ananas
piononos – Püree von Bananen und schwarzen Bohnen
plátano – Kochbanane
plátanos fritos – gebratene Bananen
pollo – Huhn
postre – Nachtisch
potaje – Gemüseeintopf
pulpo – Krake

Q

quesadillas de hongos – Mehltortillas mit Champignons und Käse
queso – Käse

R

rape – Teufelsfisch
refresco – alkoholfreies Getränk
relleno – gefüllt
riñones – Nieren
ron – Rum

S

salchicha – Würstchen
salmón – Lachs
salsa de … – … sauce
sandía – Wassermelone
sopa de verduras – Gemüsesuppe

T

tacos – Maisfladen mit Fleisch, Salat und Sauce zum Zusammenrollen
tamales – in Bananenblättern gegarte Maisklößchen mit Gemüse oder Fleisch gefüllt
tamales asado – Maisfladen mit Ei, Butter und Zucker
té (de manzanilla) – (Kamillen-)Tee
ternera – Kalb
tiburón – Haifisch
tilapia – feiner Süßwasserspeisefisch
tocino – Speck
toronja – Grapefruit
tostadas – gebackene Maistortillas mit Fleisch und Gemüse
trucha – Forelle

V

vaso – Glas
vegetariano – vegetarisch
verdura – Gemüse
vinagre – Essig
vino – Wein

SERVICE

Anreise

MIT DEM FLUGZEUG

Condor (www.condor.com) fliegt mehrmals wöchentlich von Frankfurt/Main nach Costa Rica (Aeropuerto Internacional Juan Santamaría bei Alajuela) mit ein oder zwei Stopps in Santo Domingo (Dominikanische Republik) oder San Juan (Puerto Rico) und Panama. Für einen Stopp in Puerto Rico benötigt man einen biometrischen Reisepass und ESTA, die elektronische Reisegenehmigung der USA (»visa waiver«). Die Flugdauer beträgt je nach Stopps 14–17 Stunden, Preise ab 800 €. Martinair (www.martinair.com) fliegt von Amsterdam über Miami (»visa waiver«). Bei einer Unterbrechung des Hin- oder Rückfluges in Santo Domingo kann man mit der großartigen Altstadt ein Weltkulturerbe kennenlernen, in Panamá die Gelegenheit zu einer Bootsfahrt vom Pazifik zum karibischen Atlantik nutzen. US-amerikanische Fluglinien verkehren von mehreren Städten in Deutschland, Österreich und der Schweiz mit Umsteigen in den USA (oder Puerto Rico). Iberia (www.iberia.com) fliegt von mehreren deutschen Städten und von Wien und Zürich täglich über Madrid nach Costa Rica. Lufthansa fliegt ab November 2015 mehrmals wöchentlich von Frankfurt/Main direkt nach Panama-City.

Auf www.atmosfair.de und www.myclimate.org kann jeder Reisende durch eine Spende für Klimaschutzprojekte für die CO_2-Emission seines Fluges aufkommen.

Auskunft

IN DEUTSCHLAND, ÖSTERREICH UND DER SCHWEIZ

Costa Rica unterhält in Europa kein Informationsbüro. Auskünfte erteilen die Botschaften von Costa Rica:

- Dessauer Str. 28–29, 10963 Berlin | Tel. 0 30/26 39 89 90 | www.botschaft-costarica.de
- Wagramer Str. 23/1/1, 1220 Wien | Tel. 01/2 63 38 24
- Marktgasse 51, 3011 Bern | Tel. 031/3 72 78 87 | costa.rica@bluewin.ch

Buchtipps

Janine Böhm (Text), Tobias Hauser (Fotos): Reise durch Costa Rica (Stürtz, Würzburg 2013) Die Reise verläuft – in mehr als 240 wunderschönen Bildern – von palmengesäumten Sandstränden und Mangrovensümpfen hin zu den kühleren Regen- und Nebelwäldern an den Vulkanhängen.

Anna Paredes: Das Land zwischen den Meeren (Blanvalet, München 2013) Ein gefühlvoller Roman über eine junge Deutsche, die als Auswanderin ihr Glück in Costa Rica versuchen will.

Sara Stuppenhusen: Costa Rica – Fünf Monate in der fremden Heimat (Verlag Bibliothek der Provinz, Weitrah, Österreich 2014) Eine junge freiwillige Helferin kommt nach Costa Rica und berichtet über ihre vielfältigen Erfahrungen.

In Costa Rica ▶ Klappe hinten, nördwestl. a 1
Instituto Costarricense de Turísmo | Ctra. General Cañas | Ostseite der Juan-Pablo-Brücke | apdo 777, San José | Tel. 22 99 58 00 | www.visitcostarica.com | Mo–Fr 8–16 Uhr

Diplomatische Vertretungen

Deutsche Botschaft
▶ Klappe hinten, westl. a 2
Edificio Torre Sabana, 8. Etage, La Sabana Norte, von ICE Sabana 300 m nach Westen, 1000 San José | Tel. 22 90 90 91 | www.san-jose.diplo.de

Honorargeneralkonsulat von Österreich D 3
Cariari, Bosque de Doña Rosa, 2. Kreisverkehr, 100 m westl., 50 m südl., Heredia | Tel. 22 39 36 16 |

Schweizer Botschaft
▶ Klappe hinten, westl. a 3
Edificio Centro Colón, 10. Etage, Paseo Colón, 1000 San José | Tel. 22 21 48 29 | sjc.vertretung@eda.admin.ch

Einreise

Für die Einreise nach Costa Rica ist ein Reisepass erforderlich, der noch mindestens sechs Monate über das beabsichtigte Ende der Reise gültig ist.
Reisende aus Deutschland, Österreich und der Schweiz erhalten visumfrei eine Aufenthaltsgenehmigung von 90 Tagen. Ein Flugticket für die Rückreise muss vorgelegt werden.
Wer auf dem Landweg von Panama einreist, muss auf einen Panama-Ausreisestempel und einen Costa-Rica-Einreisestempel achten. Bei der Ausreise fällt eine Ausreisesteuer von 29 US-$ an.

Feiertage

1. Januar Año Nuevo (Neujahr)
März/April Jueves Santos (Gründonnerstag)
März/April Viernes Santos (Karfreitag)
März/April Domingo Santos (Ostersonntag)
11. April Día de Juan Santamaría (Heldengedenktag)
1. Mai Día del Trabajo (Tag der Arbeit)
25. Juli Anexión de Guanacaste (Anschluss von Guanacaste)
15. August Asunción de la Virgen, Día de la Madre (Mariä Himmelfahrt und Muttertag)
15. September Día de la Independencia (Unabhängigkeitstag)
25. Dezember Navidad (Weihnachten)

Geld

100 CRC	0,17 €/ 0,18 SFr
1 €	558 CRC
1 Sfr	537 CRC
1 US-$	527 CRC

Die Währung des Landes ist der Costa Rica **Colón** (CRC). 1 Colón (¢) ist unterteilt in 100 Céntimos, die jedoch keine Rolle spielen. Es gibt Scheine zu 50 000, 20 000, 10 000, 5000, 2000, 1000 Colones und Münzen zu 500, 100, 50, 25, 10 Colones.
Der US-Dollar ist in Costa Rica zur zweiten Währung geworden. Fast alle Hotels und Touristen-Attraktivitäten sowie viele Restaurants geben ihre Preise in US-$ an, selbst Museen nennen teilweise Dollarpreise. Jedoch kann überall mit Colones bezahlt werden, was darüber hinaus auch deutlich günstiger ist. Es empfiehlt sich, einen kleinen Vorrat an Dollars (kleine

Scheine) dabei zu haben. Banken sind Mo–Fr 8.30–15.30 Uhr geöffnet; zum Geldwechsel muss man den Reisepass mitbringen. Geldautomaten (ATM) findet man bei Banken. Oft sind sie nachts (22–6 Uhr) gesperrt. **Kreditkarten** werden von Hotels, gehobenen Restaurants und Geschäften sowie Tourismusbetrieben akzeptiert; gelegentlich erfolgt ein Aufschlag von 3–7 %, wenn man sie einsetzt. Auch wenn der Kurs günstig ist: Auf der Straße sollte man kein Geld wechseln!

Kleidung

Leichte Sommerkleidung und ein Sonnenhut gehören ins Gepäck. In höheren Regionen und von Dezember bis Januar braucht man zusätzlich einen wärmeren Pullover und eine wind- und wasserfeste Jacke.

Links und Apps

LINKS

www.ticopedia.de
Wissenswertes über Costa Rica, von Nationalparks und Vulkanen über Tier- und Pflanzenwelt bis hin zu aktuellen Nachrichten (deutsch).

www.hallo-costarica.com
Praktische Tipps für die Reise, landeskundliche Informationen und Aktuelles; Reiseberichte, Hinweise auf Sprachschulen und Tipps zum Auswandern (deutsch).

www.in-costa-rica.de
Der (deutschsprachige) Reiseveranstalter Aventuras Tierra Verde in Costa Rica bietet Insider-Informationen und -vorschläge zu Reisen und Trekkingtouren und gibt organisatorische Tipps für eine individuelle Reisegestaltung und -planung.

www.costaricasamara.blog.de
Der private (deutsche) Blog aus der Region Sámara (Nicoya-Halbinsel) liefert Berichte von Schildkröten-Eiablage an den Stränden; darüber hinaus Informationen zu Praktika und kleine Reiseberichte.

www.therealcostarica.com
Ein Blog mit Wissenswertem zu fast allem, auch zu Duty-free-Einkäufen im Süden des Landes.

Klima (Mittelwerte)

	Januar	Februar	März	April	Mai	Juni	Juli	August	September	Oktober	November	Dezember
Tagestemperatur	25	26	25	26	26	26	25	25	25	25	24	24
Nachttemperatur	14	14	15	16	16	16	16	16	16	15	15	15
Sonnenstunden	7	8	8	7	6	5	5	5	5	5	5	7
Regentage pro Monat	8	9	8	8	17	20	18	19	20	22	11	7
Wassertemperatur Karibik	26	26	27	27	28	28	28	28	29	28	27	27
Wassertemperatur Pazifik	28	28	28	28	28	28	28	28	28	28	28	28

APPS

Costa Rica Pura Vida!

Über 300 ausgewählte attraktive Plätze, Nationalparks und Strände mit Aktivitäten, Tierwelt, Hotels und Restaurants; mit Bildern, Karten und Plänen.

Für iPhone | 2,99 US-$

Costa Rica Travel Guide

Die (offline) App von Triposo führt nach San José und in andere Orte mit Hinweisen auf Sehenswertes, Restaurants, Bars und Nachtleben; mit Karten und Stadtplänen.

Für iPhone | gratis

San José (Costa Rica) Street Map

In Costa Rica ist der Weg nicht immer einfach zu finden. Diese 700 Karten helfen weiter, führen z. B. zu Straßen, Geldautomaten, Museen, Restaurants.

Für iPhone und iPad | 2,99 US-$

Medizinische Versorgung

KRANKENVERSICHERUNG

Die Gesundheitsversorgung ist in Costa Rica gut. Im zentralen Hochland gibt es zahlreiche staatliche und private Krankenhäuser, in den übrigen Landesteilen Kranken- bzw. Gesundheitsstationen (»centro de salud«). Staatliche Krankenhäuser behandeln im Notfall, private in der Regel nur bei Vorauszahlung oder Kostenübernahmeerklärung.

Das Malariarisiko ist gering und besteht nur in den Küstengebieten (unter 600 m Höhenlage). Gelegentlich besteht ein Risiko für Denguefieber (übertragen von der Aedes-Mücke), gegen das man durch entsprechende Kleidung und Mückenschutzmittel vorbeugt bzw. indem man dann, wenn die Mücken vermehrt auftreten, nämlich zur Zeit der Dämmerung und des Sonnenuntergangs, ein Mückenschutzmittel benutzt. Hotels und Gästehäuser, die keine Klimaanlage haben, stellen ihren Gästen ein Moskitonetz zur Verfügung. Der Abschluss einer Auslandsreisekrankenversicherung ist ratsam.

KRANKENHAUS

Hospital México

▶ Klappe hinten, nordwestl. a 1

Staatliches Krankenhaus für Notfälle und mit 24-Stunden-Dienst.

Transversal 74, La Uruca | San José | Tel. 22 42 67 00

APOTHEKEN

Sie heißen »farmacía« und verkaufen die meisten Medikamente nicht nur rezeptfrei, sondern auch deutlich preiswerter als in Europa. Das Angebot ist groß, doch haben viele Medikamente einen anderen Namen als zu Hause, sodass der Wirkstoff genannt werden sollte. Sie haben meist von 10–18 Uhr geöffnet.

Nebenkosten

1 Tasse Kaffee	1,50–2 €
1 Dose Bier	3–4 €
1 Flasche Cola	2 €
1 Schachtel Zigaretten	3 €
1 Taxifahrt (pro km)	0,90 €
1 Liter Benzin	1,15 €
Mietwagen/Tag	50 €

Notruf

911 **Allg. Notruf**

für Ambulanz (Cruz Roja), Polizei, Feuerwehr, Touristenpolizei (auch englischsprachig)

117 **Polizei**

118 **Feuerwehr**

128 **Ambulanz (Cruz Roja)**

Orientierung

In Costa Rica sind viele Ortschaften im Schachbrettmuster angelegt, oft verlaufen die Avenidas in einer Richtung (etwa Ost–West), die Calles (Straßen) in der anderen (nämlich Nord–Süd). Oft tragen die Straßen Nummern statt Namen (manchmal auch beides). Schließlich: Die Avenidas mit ungeraden Nummern verlaufen auf einer Seite der Avenida Central, die mit geraden Nummern auf der anderen; bei den Calles ist es ebenso.

Da Hausnummern meist fehlen, gibt man entweder die Straßenecke an (Av. 9/Calle 6) oder den Bereich zwischen zwei Straßen (Calle 7/Av. 2–4). Eine weitere, weit verbreitete Weise der Adressenangabe in Ortschaften ist z. B. 150 m südlich und 50 m östl. der Post/Bäckerei etc.

Außerhalb von Ortschaften nennt man als Adresse die Straße (Carretera = Ctra.), z. B. Ctra. 21 oder Ctra. von Ort A nach Ort B und den Meilenstein (z. B. Ctra. 21, km 27,4).

Post

Postämter sind gewöhnlich Mo–Fr 8–17 Uhr geöffnet, Sa bis mittags. Eine Luftpostkarte nach Europa kostet 400 Colones und braucht rund zehn Tage. Briefmarken erhält man auf dem Postamt (»correos«), in Geschäften, die Ansichtskarten verkaufen, und manchmal an der Hotelrezeption. Briefkästen sind selten, man gibt die Post normalerweise im Postamt oder an der Hotelrezeption ab.

Reisedokumente

Reisende aus Deutschland, Österreich und der Schweiz benötigen einen Reisepass, der noch mindestens sechs Monate gültig sein muss.

Reiseknigge

Sprache: Wenige Worte in Spanisch öffnen Türen und Herzen der Ticos, auch wenn Englisch in Touristengebieten weithin verstanden wird. Costa Ricaner sind sehr höflich, am besten, man lässt sich darauf ein, z. B. indem man bei Antworten stets eine Anrede einfügt, etwa »si, señor« oder »gracias, señora«.

Trinkgeld: Ist »servicio« in der Restaurantrechnung enthalten, gibt man nur bei besonders gutem Service ein zusätzliches Trinkgeld. Bei Taxifahrten rundet man auf, Zimmermädchen erhalten 400 Colones pro Nacht, Gepäckträger 250 Colones pro Stück.

Reisezeit

In der Trockenzeit von Dezember bis April scheint meist die Sonne, und es regnet mit Ausnahme der Karibikküste kaum. Das angenehme, nahezu frühlingshafte Klima, 20–25 Grad im höheren Lagen und 30 Grad an den Küsten, zieht viele Besucher an, es herrscht Hochsaison, auch bei den Preisen. In der Regenzeit Mai–November regnet es täglich, mitunter viele Stunden und heftig, meist beschränkt sich aber der tägliche Niederschlag auf den Nachmittag. Als sogenannte »temporada verde« (grüne Saison) bietet die Regenzeit Besuchern niedrigere Preise und mehr Ruhe.

Sicherheit

In der Hauptstadt San José muss man besonders vorsichtig sein, vor allem im

Bereich der Busbahnhöfe und auf Märkten, da **Taschendiebstahl** dort häufig vorkommt. Busbahnhöfe sollte man nach Einbruch der Dunkelheit meiden. Weitere Schwerpunkte der Kleinkriminalität sind Puerto Limón und Puntarenas.

Autoaufbrüche sind leider mittlerweile keine Ausnahme mehr, sodass man nichts Wertvolles darin zurücklassen darf. Auch bewachte Parkplätze sind nicht sicher! Besonders häufig wurden Einbrüche in der Vergangenheit aus Puntarenas gemeldet, hier muss man besondere Umsicht walten lassen.

Strom

Die elektrische Spannung beträgt in Costa Rica 110 V, 60 Hz. Man benötigt einen Steckdosenadapter für das amerikanische System.

Telefon

VORWAHLEN

D, A, CH ▶ Costa Rica 0 05 06
Costa Rica ▶ D 00 49
Costa Rica ▶ A 00 43
Costa Rica ▶ CH 00 41

Innerhalb von Costa Rica gibt es keine Vorwahlen.

Die costa-ricanischen Telefonanbieter ICE (www.grupoice.com), Movistar (www.movistar.cr) und Claro CR (www.claro.cr) bieten in ihren Geschäften Prepaid-SIM-Karten, ICE auch in der Ankunftshalle des Flughafens. Günstig ist die Kölbi Prepaid SIM von ICE.

Trinkwasser

In Vier- und Fünf-Sterne-Hotels ist das Leitungswasser unbedenklich trinkbar, da die Hotels über eigene Filteranlagen verfügen. In einfacheren Häusern und vor allem außerhalb des zentralen Hochlands empfiehlt es sich, abgefülltes Wasser zu verwenden.

Verkehr

FÄHREN

Kommt man von Süden und will zur Nicoya-Halbinsel, ist die Fährverbindung vom Pazifikhafen Puntarenas eine willkommene Abkürzung. Mit einem Fährboot von Golfito lässt sich Puerto Jimémez auf der Halbinsel Osa im Süden des Landes erreichen.

FERNBUSSE

Zahlreiche private Busgesellschaften fahren in Costa Rica nahezu jeden Ort an. Die Fahrten sind billig und sicher. Kleinere Busunternehmen wie Interbus (www.interbusonline.com), Easy Ride (www.easyridecr.com) oder Caribe Shuttle (www.caribeshuttle.com) bieten Transport zu Touristenorten in Kleinbussen, teilweise mit Abholung im Hotel.

INLANDSFLÜGE

Sansa Regional (Tel. 22 90 41 00, www.flysansa.com) und Nature Air (Tel. 22 99 60 00, www.natureair.com) bedienen preiswert mit kleinen Propellermaschinen fast täglich die rund 20 kleinen Flughäfen und -pisten des Landes.

MIETWAGEN

Touristen können in Costa Rica mit ihrem nationalen Führerschein ein Auto mieten. Die Auswahl an Leihfirmen ist groß, auch Einwegmieten (z. B. von der Panama-Grenze zum Flughafen San

José) sind meist ohne Aufpreis möglich. Wer die Hauptstraßen verlassen will, nimmt besser Vierradantrieb (4×4). Vollkaskoversicherung ist dringend zu empfehlen.
Auch die Hauptstraßen haben oft viele tiefe **Schlaglöcher**!

TAXI

Taxis sind an ihrer roten Farbe zu erkennen. Wenn man darauf achtet, dass das **Taxameter** (»maría«) eingeschaltet ist, kommt man preiswert voran (rund 1 € pro km), ansonsten fordern die Fahrer höhere Tarife.

Zeitungen und Zeitschriften

Nachrichten auf Englisch findet man online beispielsweise in der »Tico Times« (www.ticotimes.net), in »Inside Costa Rica« (www.insidecostarica.com) sowie der »A. M. Costa Rica« (www.amcostarica.com), die sich an Einwanderer aus Nordamerika und Europa richtet.

Zeitverschiebung

MESZ minus 8 Stunden, d. h. während der mitteleuropäischen Sommerzeit beträgt der Zeitunterschied 8 Stunden.

Zoll

Zollfrei einführen darf man nach Costa Rica 400 Zigaretten oder 500 g Tabak und 3 l Alkohol. Nicht erlaubt ist die Einfuhr von Fleisch- und Wurstwaren, Milchprodukten und Obst/Gemüse.
Flugreisende aus Deutschland und Österreich dürfen Waren im Wert von 430 € (Jugendliche: 175 €) abgabenfrei mit nach Hause nehmen, Reisende aus der Schweiz im Wert von 300 SFr. Die Waren müssen für den privaten Gebrauch vorgesehen sein. Tabakwaren und Alkohol fallen nicht unter diese Wertgrenze und bleiben in bestimmten Mengen abgabenfrei (z. B. 200/250 Zigaretten, 4/5 l Wein). Angaben ohne Gewähr. Atuelle Auskünfte unter www.zoll.de, www.bmf.gv.at/zoll und www.zoll.ch.

Entfernungen (in Minuten) zwischen wichtigen Orten

	Golfito	Heredia	Liberia	Manuel Antonio	Monteverde	Puerto Limón	Puntarenas	Samará	San José
Golfito	–	290	420	180	350	400	310	450	280
Heredia	290	–	210	120	140	160	100	230	10
Liberia	420	210	–	260	130	370	130	120	210
Manuel Antonio	180	120	260	–	190	250	140	280	110
Monteverde	350	140	130	190	–	300	60	160	140
Puerto Limón	400	160	370	250	300	–	260	400	160
Puntarenas	310	100	130	140	60	260	–	160	90
Samará	450	230	120	280	160	400	160	–	230
San José	280	10	210	110	140	160	90	230	–

ORTS- UND SACHREGISTER

Wird ein Begriff mehrfach aufgeführt,
verweist die **fett** gedruckte Zahl auf die Hauptnennung.
Abkürzungen: Hotel [H] · Restaurant [R]

COSTA RICA GESTERN & HEUTE

Manche Dinge wie dieser handbemalte **Ochsenkarren** (oben: 1950er-Jahre) überstehen moderne Entwicklungen. Die traditionellen, farbenprächtigen Gefährte kann man nicht nur im Museum bewundern, sondern sie auf der Straße live erleben. Im Miniformat sind sie ein beliebtes Mitbringsel. Beide Formate werden – neben anderem Kunsthandwerk – vor allem in den Holzwerkstätten der Kleinstadt Sarchí gefertigt. Sie sind ein nationales Symbol und Weltkulturerbe.

Liebe Leserinnen und Leser,

vielen Dank, dass Sie sich für einen Titel aus unserer Reihe MERIAN *momente* entschieden haben. Wir wünschen Ihnen eine gute Reise. Wenn Sie uns nun von Ihren Lieblingstipps, besonderen Momenten und Entdeckungen berichten möchten, freuen wir uns. Oder haben Sie Wünsche, Anregungen und Korrekturen? Zögern Sie nicht, uns zu schreiben!

Alle Angaben in diesem Reiseführer sind gewissenhaft geprüft. Preise, Öffnungszeiten usw. können sich aber schnell ändern. Für eventuelle Fehler übernimmt der Verlag keine Haftung.

TRAVEL HOUSE MEDIA
Postfach 86 03 66
81630 München
merian-momente@travel-house-media.de
www.merian.de

TRAVEL HOUSE MEDIA

Ein Unternehmen der
GANSKE VERLAGSGRUPPE

1. Auflage

VERLAGSLEITUNG
Monika Lienemann
REDAKTION
Wilhelm Klemm
LEKTORAT
Waltraud Ries
BILDREDAKTION
Dr. Nafsika Mylona
SCHLUSSREDAKTION
Ulla Thomsen
HERSTELLUNG
Bettina Häfele, Katrin Uplegger
SATZ/TECHNISCHE PRODUKTION
Sabine Dohme, München
REIHENGESTALTUNG
Independent Medien Design, Horst Moser, München (Innenteil), La Voilà, Marion Blomeyer & Alexandra Rusitschka, München und Leipzig (Coverkonzept)
KARTEN
Gecko-Publishing GmbH für MERIAN-Kartographie
DRUCK UND BINDUNG
Printer Trento, Italien

PEFC
PEFC/18-31-506

BILDNACHWEIS

Titelbild (Tucan in Glas): AWL: D. Delimont

Alta Gracia Boutique Hacienda 16 | AWL: J. Coletti 14, 166/167, 168, N. Laing/J. Warburton-Lee 87, N. Ledger 76 | Bildagentur Huber: P. Canali 4/5, 15, 49, 105, 108, 116, P. Giocoso 29, 102, 136 | blickwinkel 85 | ddp images: R. Francis 72 | Fotolia: S. Birkelbach 57, DreanA 122, felix 170l., Jgz 128, papijoe 38 | Four Seasons Resort Papagayo 22 | gemeinfrei: 170r, 171, 172, 173l., 174l., 174r., 175 | Getty Images: A. Patino, age 12 | GlowImages: S. Faulk, DreamPictures 41, imagebroker.com 83, 90, prisma 80 | Grano de Oro 101 | Hotel Finca Rosa Blanca 113 | imago: Bluegreen Pictures 6, Xinhua 53 | INTERFOTO: M. Bail, imageBROKER 30, Miller 192 o., | Kalapity Luxury Jungle Suite: Marcello Marongiu 71 | laif: F. Guiziou, hemis.fr 58/59, 79, 88, 98, 121, 159, T. Hauser 2, 20/21, 37, 47, 50, 60, 67, 132, 145, C. Heeb 154/155 | LOOK-foto: age 139, F.M. Frei 97, K. Wothe 161 | mauritius images: age 114, 148, Alamy 19, 42, 69, 125, 140, 147, 150, 157, 65, J. Warburton-Lee 94, Minden Pictures 142 | pachamama: J. Hoermann 13l. | Rafiki Safari Lodge: L. Boshoff 55 | Schapowalow: G. Simeone, SIME 107 | shutterstock: 34, Chesapeake Images 13 r., EpicStockMedia 18, lsantilli 119, Neftali 173r., Sorin Colac 165 | Tree Houses Hotel Costa Rica 54 | vario images: R. Gaertner, McPHOTO 192 u. | Veragua Rainforest 135 | Xandari Resort & Spa: B. Tipper 25 | Your Photo Today: Phanie 26